Christina Ferner

Globales Web. Einfluss kultureller Unterschiede in der Farbgestaltung auf die Benutzbarkeit

GRIN Verlag

Bibliografische Information der Deutschen Nationalbibliothek:

Die Deutsche Bibliothek verzeichnet diese Publikation in der Deutschen National-
bibliografie; detaillierte bibliografische Daten sind im Internet über http://dnb.d-
nb.de/ abrufbar.

Impressum:

Copyright © 2004 GRIN Verlag GmbH
Druck und Bindung: Books on Demand GmbH, Norderstedt Germany
ISBN: 978-3-656-89893-1

Dieses Buch bei GRIN:

http://www.grin.com/de/e-book/29052/globales-web-einfluss-kultureller-unterschie-
de-in-der-farbgestaltung-auf

GRIN - Your knowledge has value

Der GRIN Verlag publiziert seit 1998 wissenschaftliche Arbeiten von Studenten, Hochschullehrern und anderen Akademikern als eBook und gedrucktes Buch. Die Verlagswebsite www.grin.com ist die ideale Plattform zur Veröffentlichung von Hausarbeiten, Abschlussarbeiten, wissenschaftlichen Aufsätzen, Dissertationen und Fachbüchern.

Besuchen Sie uns im Internet:

http://www.grin.com/

http://www.facebook.com/grincom

http://www.twitter.com/grin_com

Hochschule für Angewandte
Wissenschaften Hamburg
Hamburg University of Applied Sciences

Fachbereich Medientechnik

Globales Web

Einfluss kultureller Unterschiede in der Farbgestaltung auf

die Benutzbarkeit

Vorgelegt von: Christina Ferner

Inhaltsverzeichnis

Abbildungsverzeichnis

Tabellenverzeichnis

1 Einleitung

1.1 Motivation und Fragestellung

Wir leben in einer Welt, die immer „kleiner" wird; durch die fortschreitende Globalisierung rücken unterschiedlichste Kulturen immer dichter zusammen, die Kommunikation zwischen diesen nimmt stetig zu. Das WWW – World Wide Web – ist ein internationales Medium, dass sich als Kommunikationsplattform geradezu anbietet. Räumliche Distanzen spielen hier für die Kommunikation keine Rolle mehr – Daten können in Sekundenschnelle von Deutschland nach Japan verschickt werden, ohne dabei Verluste hinnehmen zu müssen und ohne erhebliche Kosten zu verursachen. Doch was ist mit der Distanz auf der geistigen und der kommunikativen Ebene? Wie werden hier die Unterschiede zwischen den Kulturen überbrückt? Für das Problem sprachlicher Verständigung gibt es Dolmetscher. Jedoch gibt es neben der sprachlichen Komponente noch weitere, sich von Kultur zu Kultur unterscheidende Wesensmerkmale, die sich auf die Bewertung und Wahrnehmung von Webseiten auswirken. Kommunikations- und Verhaltensformen verschiedener Kulturen leiten sich aus deren jeweiligen Normen und Werten ab. Zusätzlich hat jede Kultur ihre eigenen Symbole und Zeichen, deren Bedeutung sich über das kulturelle Gemeingut und das gemeinsame Wissen erschließt. Gerade im Webdesign werden Symbole und Zeichen als Informationsträger verwendet. In diesem Zusammenhang ist auch die Farbe zu nennen, deren Wirkung auf subjektiven Assoziationen beruht, die mit jedem Farbeindruck bewusst oder unbewusst einhergehen. Weiterhin ist das Farbdesign einer Webseite ein Bestandteil des Gesamtlayouts und damit auch ein tragendes Element der ästhetischen Gestaltung. Betrachtet man die Farbkodierungen[1] und Farbwelten verschiedener Kulturen, beispielsweise anhand traditioneller bzw. moderner Kleidung oder der Gestaltung von Plakaten und Werbung, so sind offensichtliche Unterschiede in bezug auf Designvorlieben und -standards zu erkennen. Dies spiegelt sich auch in der Gestaltung von Webseiten wieder. Ein ungewohntes oder gar fremdartiges Design kann sich auf die subjektive Wahrnehmung von Webseiten auswirken.

In der vorliegenden Arbeit wird der Frage nachgegangen, welche Auswirkungen Farbdesign auf die Benutzbarkeit von Webseiten hat und welche Rolle Kultur in

---

[1]   Für die Farbkodierung dient die Farbe als Informationsträger (vgl. Abschnitt 3.4).

diesem Zusammenhang spielt. Bei der Erforschung des Elementes Farbe im Webdesign in Hinblick auf die interkulturelle Usability[2] eröffnet sich ein komplexes Feld, das aus verschiedenen Perspektiven zu betrachten ist. Dabei erschließt sich die Problematik, den Faktor Farbe isoliert zu untersuchen, da sich der Einfluss anderer Faktoren nicht komplett ausblenden lässt. Die Wechselbeziehung zwischen Kultur und Usability, unter dem Aspekt der Farbgestaltung betrachtet, lässt sich jedoch nicht einfach anhand einzelner Leitsätze und Richtlinien erschließen. Zentrales Thema dieser Arbeit ist daher die Darstellung und Untersuchung der verschiedenen Faktoren, die im Zusammenhang mit einer benutzerfreundlichen Farbgestaltung im Webdesign einer globalisierten Gesellschaft stehen. Die semantische Funktion von Farbe und im Speziellen die sich hieraus ergebenden interkulturellen Differenzen in der Bewertung von Webseiten sollen anhand einer Studie eingehend beleuchtet werden.

Die Spezifikationen zur Farbgestaltung im Webdesign beziehen sich ausschließlich auf eine objektungebundene Verwendung von Farben, fotorealistische Darstellungen und Bilder werden in die Darlegungen nicht einbezogen.

1.2 Aufbau der Arbeit

Die vorliegende Arbeit gliedert sich in einen theoretischen Teil in Form einer Literaturübersicht und in einen experimentellen Teil in Form einer Studie.

Die Literaturübersicht ist unterteilt in drei Themenbereiche, die eine theoretische Grundlage im Sinne obiger Fragestellung bilden und den bisherigen Forschungsstand darlegen:

Basis der Ausführungen ist die *Bedeutung von Farbe für Softwareergonomie und Usability.* Da Farbe einen elementaren Teil der ästhetischen Gestaltung von Webseiten darstellt, soll zunächst allgemein der Zusammenhang zwischen Ästhetik und Usability eingehend untersucht werden. Im Anschluss daran erfolgt eine Betrachtung über die Auswirkungen von ästhetischen Farbkombinationen auf die Benutzbarkeit von Software-Benutzeroberflächen.

In einem weiteren Kapitel werden verschiedene Aspekte aufgezeigt und erläutert, die für ein umfassendes Verständnis von *Farbe und Webdesign* unabdingbar sind. Da Farbwahrnehmung und Farbempfindung immer in einem engen Zusammenhang mit

---

[2]   Benutzerfreundlichkeit von User Interfaces (vgl. Begriffsdefinition 2.1).

dem Medium stehen, auf dem Farben dargeboten werden, wird hier speziell Farbwahrnehmung und Farbwiedergabe an Computermonitoren thematisiert. Für die Gestaltung von Webseiten ist das Beherrschen der technischen Grundlagen auf dem Gebiet der Farbmetrik und der Farbreproduktion ebenso wichtig wie grafische Fähigkeiten. Bei der Farbwahrnehmung in bezug auf Usability gibt es sowohl einen technischen als auch einen psychologischen Aspekt, da die Kommunikation zwischen Nutzer und Webseite bewertet wird und nicht allein die technische Darstellung Ausgangspunkt der Bewertung ist. Neben der Erläuterung technischer Grundlagen werden daher ergonomische Regeln für den Einsatz von Farbe im Webdesign aufgezeigt, die sich aus den physiologischen und sinnespsychologischen Prozessen der Farbwahrnehmung ergeben. Ferner werden die ästhetische Bewertung sowie die Wirkung von Farben in bezug auf die Benutzbarkeit von Webseiten erörtert.

Den Abschluss des theoretischen Teils bildet eine Diskussion über den *Einfluss von Kultur auf das Webdesign*. Als Maxime für die Erstellung von benutzerfreundlichen Webseiten gilt, sich während des gesamten Designprozesses immer an den Bedürfnissen der Nutzer zu orientieren. „Man darf nicht so ohne weiteres die Normen [und Bedürfnisse] einer Person, Gruppe oder Gesellschaft auf eine andere übertragen. Vor jeder Beurteilung oder Handlung sollte man sich über Art der kulturellen Unterschiede zwischen Gesellschaften, sowie über ihre Ursprünge und Folgen informieren" [Hofs93 S. 21]. Um diese Unterschiede eingehend zu ergründen wird hier zunächst die Kulturtheorie Hofstedes dargestellt. Weiterhin werden verschiedene Studien der letzten Jahre angeführt, die sich mit den verschiedenen Kategorien und Elementen befassen, welche es in bezug auf kulturell-kompetente Webseiten zu berücksichtigen gilt. Hier soll im Speziellen geprüft werden, in wieweit das Thema der Farbgestaltung bisher im Bereich der interkulturellen Usability-Forschung Beachtung fand.

Die Resultate der theoretischen Erörterung werden als Basis für die Studie herangezogen.

I. Theoretischer Teil

2 Bedeutung von Farbe für Softwareergonomie und Usability

2.1 Usability und Softwareergonomie

Usability – ein Begriff, der in den letzten Jahren im Bereich der Mensch-Maschine-Kommunikation und hier ganz besonders auf dem Feld der Informations- und Kommunikationstechnologie sehr stark an Bedeutung gewonnen hat. Der sowohl im englischen als auch im deutschen so verwendete Begriff entbehrt einer eindeutigen Übersetzung, wird jedoch häufig mit Benutzerfreundlichkeit oder Benutzbarkeit von interaktiven Systemen erklärt. Die EN ISO, die europäische Norm der International Standards Organisation, verwendet im deutschen den Begriff *Gebrauchstauglichkeit.* Jakob Nielsen, Experte speziell auf dem Gebiet der Web-Usability, definiert Usability als eine Kombination aus „usefulness" und „utility", zu deutsch Nützlichkeit und Nutzen. Bei Untersuchungen zur Usability eines Systems wird immer der Nutzer in den Mittelpunkt des Interesses gestellt, der Dialog zwischen Mensch und Computer wird bewertet.

Die EN ISO definiert Usability bzw. Gebrauchstauglichkeit als „das Ausmaß, in dem ein Produkt durch bestimmte Benutzer in einem bestimmten Nutzungskontext genutzt werden kann, um bestimmte Ziele effektiv, effizient und zufrieden stellend zu erreichen" [ENIS11 S. 4]. Effektivität, Effizienz und Satisfaktion oder Zufriedenheit sind Kriterien, die in der Mensch-Maschine-Kommunikation erfüllt werden sollen, um ein hohes Maß an Usability zu erlangen. Effektivität bezieht sich darauf, ob die zu bearbeitende Aufgabe erfüllt werden konnte oder nicht, wohingegen Effizienz den Aufwand bewertet, der zur Erfüllung der Aufgabe nötig war. Hierbei kommt sowohl die zeitliche Komponente zum Tragen, als auch die Fehlerquote beim Bearbeiten der Aufgabe. Beide sind objektiv messbar und dadurch einfach zu bewerten, wohingegen die Zufriedenheit des Nutzers stark vom subjektiven Empfinden abhängt. Die beiden ersten Kriterien spielen für die Satisfaktion sicherlich eine große Rolle, jedoch kommen gerade auch hier ästhetische Aspekte, wie zum Beispiel Farbgebung, zum Tragen, da diese die Einstellung des Nutzers gegenüber dem Produkt positiv beeinflussen und somit eine höhere Zufriedenheit erreichen können. Jakob Nielsen erweitert oben genannte Definition von Usability laut EN ISO auf insgesamt fünf Kriterien [Niel93 S.26]:

- „Learnability" – Das System soll einfach zu erlernen und möglichst intuitiv bedienbar sein.
- „Efficiency" – bezieht sich analog zur Definition der EN ISO auf den Aufwand.
- „Memorability" – Der Nutzer soll sich auch nach längerer Zeit noch an die Bedienung des Systems erinnern können, „the system should be easy to remember" [Niel93 S.26].
- „Errors" – Das Programm soll so konzipiert sein, dass möglichst keine Fehler gemacht werden können. Eventuelle Fehler müssen einfach und schnell zu korrigieren sein. „Further, catastrophic errors must not occur" [Niel93 S.26].
- „Satisfaction" – bezieht sich analog zur Definition der ISO auf die Zufriedenheit des Nutzers. „The system should be pleasant to use, so that users are subjectively satisfied when using it; they like it" [Niel93 S.26].

Zur Erfüllung dieser Kriterien reicht es jedoch nicht aus, generelle Richtlinien zu befolgen, da die spezifischen Eigenschaften der Nutzer und der Nutzungskontext berücksichtigt werden müssen. Um eine Webseite mit hoher Usability zu gestalten, müssen also zunächst Zielpersonen und Kontext klar definiert sein. Hier gilt es auch die Kultur zu berücksichtigen.

Das Konzept der Usability kann als eine Erweiterung der reinen Softwareergonomie um den Faktor Zufriedenheit aufgefasst werden. Zu den Kriterien der Softwareergonomie „gehören (nach DIN 66 234) vor allem Übersichtlichkeit und Einheitlichkeit [...]; Einfachheit [...]; Flexibilität und Fehlertoleranz [...]; Zuverlässigkeit [...] und Schnelligkeit" [Brock97].

2.2 Usability und Ästhetik

Die Rolle von Ästhetik in Bezug auf die Usability von UI (User Interface)[3] ist in den letzten Jahren vermehrt in den Mittelpunkt der wissenschaftlichen Untersuchungen und Diskussionen im Bereich der HCI (Human Computer Interaction)[4] gerückt. In der Literatur finden sich zu diesem Thema zwei gegensätzliche Auffassungen. Im Folgenden soll der Zusammenhang zwischen Ästhetik und Usability anhand verschiedener Untersuchungen und Diskussionen erörtert werden. Anschließend soll im Speziellen der Einfluss ästhetischer Farbgestaltung auf die Benutzbarkeit betrachtet werden.

2.2.1 Definition Ästhetik

Es ist wichtig, Ästhetik und Präferenz semantisch zu unterscheiden. Der Begriff des ästhetischen Empfindens wird im Sprachgebrauch häufig gleichgesetzt mit persönlichem Geschmack, und damit mit der Präferenz. In gängigen Lexika wird Ästhetik oft als „Theorie, die das Schöne in seinen beiden Erscheinungsformen als Naturschönes und als Kunstschönes zum Gegenstand hat" [Broc97] definiert, also als Wissenschaft des Schönen und der Kunst. Jedoch umfasst der Begriff der Ästhetik mehr als nur das Schöne und die Kunst. Der griechische Wortstamm ‚aisthesis' bedeutet *sinnliche Wahrnehmung*. Dies schließt alle Erfahrungen ein, die uns über Sinne vermittelt werden. Die *psychologische Ästhetik*, die Ende des 19. Jahrhunderts von Gustav Th. Fechner als Gegenstand wissenschaftlicher Forschung eingeführt wurde [Alle87], befasst sich nun in erster Linie mit der Erforschung sinnlicher Erfahrungen. Ausgangspunkt psychologischer Ästhetik sind subjektive Vorgänge sinnlicher Erfahrung des Menschen; Ästhetik wird also nicht als eine objektive Eigenschaft eines Gegenstandes bezeichnet. Nach Peter Faltin ist das Ästhetische „keine Eigenschaft schöner Dinge, sondern eine Disposition, eine fundamentale Funktion des Menschen" [Falt85 S. 38].

Im Zusammenhang mit der Diskussion über Usability vs. Ästhetik muss eine deutliche Abgrenzung psychologischer Ästhetik von ästhetischer Präferenz vorgenommen werden. Ästhetische Präferenz bezieht sich auf den persönlichen und

---

[3]   User Interface ist der englische Begriff für Benutzungsschnittstelle, d.h. der Schnittstelle zwischen Mensch und Computer. Webseiten werden auch als Graphical User Interfaces (GUI) oder grafische Benutzungsoberflächen bezeichnet.
[4]   engl. für Mensch-Maschine-Kommunikation.

u.a. kulturell geprägten Geschmack des Rezipienten; sie beruht auf der Bewertung ästhetischer Erfahrung.

2.2.2 Usability vs. Ästhetik

Angesehene Usabilityexperten wie Jakob Nielsen und auch Ben Shneidermann vertreten die Meinung, Ästhetik spiele für Usability keine Rolle, sondern könnte dieser sogar eher schaden. In den letzten Jahren jedoch fand in der Literatur eine Abkehr von der Philosophie der Funktionalität als oberstes Gestaltungsziel statt. Inzwischen werden die strengen Richtlinien, die gerade Jakob Nielsen propagierte, von vielen als zu trocken angesehen, der „Fun-Faktor" [Beie02 S.28] und ein ästhetisch wohlgefälliges Design gewinnen in der wissenschaftlichen Literatur zunehmend an Bedeutung.

So stellten Kurosu und Kashimura [KuKa95] in ihrer Untersuchung tatsächlich einen direkten Zusammenhang zwischen einer ästhetisch ansprechenden Gestaltung und der Usability fest. Der Studie liegt eine Unterscheidung zwischen der *apparent usability* und der *inherent usability* zu Grunde. Unter *apparent usability* versteht man die rein über das Äußerliche des Interfaces wahrgenommene Usability, d.h. wie benutzerfreundlich erscheint das Interface *vor* der ersten Nutzung. Die *inherent usability* bezeichnet die dem Interface tatsächlich zugeschriebene Usability nach den in Absatz 2.1. genannten Kriterien. Die Bedeutung der *inherent usability* kommt erst dann zum Tragen, wenn sich der Nutzer schon für die Verwendung des UI entschieden hat. Zur Entscheidungsfindung kann die *apparent usability* einen sehr großen Beitrag leisten, denn ein Interface, dessen anscheinende Benutzerfreundlichkeit von Anfang an positiv bewertet wird, ist für den potentiellen Nutzer attraktiver als ein vergleichbares Interface, dass in Bezug auf die anscheinende Benutzerfreundlichkeit qualitativ minderwertig erscheint. Dies ändert entscheidend die Einstellung des Nutzers gegenüber dem System. Die Studienergebnisse von Ka&Ku zeigen eine Korrelation (r = 0,59) zwischen der Bewertung der ästhetischen Qualität und der Bewertung der *apparent usability,* d.h. wenn das Interface als ästhetisch ansprechend gewertet wird, so wird ihm auch zugleich aufgrund des Designs ein sehr hohes Maß an Benutzerfreundlichkeit zugeschrieben. Somit ist ein Zusammenhang zwischen der ästhetischen Gestaltung der Oberfläche und der vom Nutzer wahrgenommenen Usability hergestellt.

Noam Tractinsky [Trac97] bestätigte in einer weiteren, auf der Studiendurchführung von Ka&Ku basierenden Studie diese Ergebnisse und fand zudem kulturelle Unterschiede hinsichtlich der Korrelation von Ästhetik und *apparent usability*. Die Probanden von Ka&Ku waren im japanischen Kulturkreis angesiedelt, wohingegen Tractinsky seine Studie in Israel durchführte. Die Auswirkungen von Ästhetik auf die wahrgenommene Usability sind bei den Probanden in Israel deutlich stärker als dies in Japan der Fall ist. Dies zeigt, dass bei der Gestaltung von UI die kulturellen Unterschiede in der ästhetischen Präferenz berücksichtigt werden müssen, da ein unmittelbarer Zusammenhang zwischen dem Eindruck der Benutzerfreundlichkeit und dem Design besteht. Da die Unterschiede jedoch noch nicht genau untersucht wurden, sind Studien zur unterschiedlichen Wahrnehmung in Bezug auf die Usability unabdingbar.

Marc Hassenzahl et al. [Hass00] beschäftigten sich in Ihrer Studie mit der Frage, wie stark sich eine von dem Benutzer als angenehm wahrgenommene Gestaltung des UI tatsächlich auf die Zufriedenheit des Nutzers auswirkt. Sie untersuchten die Wirkung tatsächlicher ergonomischer Qualität eines Systems und der *genießerischen Qualität (,,hedonic quality")* [Hass00 S. 201] vor und nach der Nutzung. Sie stellten fest, dass beide Komponenten in gleichem Maße Einfluss auf die Attraktivität eines Systems haben, wobei sich vor und nach der Nutzung keine nennenswerten Unterschiede in der Bewertung der Attraktivität ergaben. Dies zeigt, dass ein ansprechendes Äußeres nicht nur den Reiz eines Interfaces vor der Nutzung beeinflusst, sondern diesen auch währenddessen und hinterher prägt.

Die Untersuchung basierte auf dem von Lonan vertretenen Zwei-Komponenten Usability Konzept, dass aus verhaltensbezogener und gefühlsbezogener Usability besteht (vgl. [Hass00]). Lonan fordert eine Erweiterung des traditionellen Usability Konzeptes, welches zwar per Definition auch die Zufriedenheit des Nutzers einschließt, die Zufriedenheit selbst aber lediglich als „Freiheit von Beeinträchtigungen" [ENIS11 S.4] definiert wird. Er verlangt, dass Genuss und Erfreulichkeit als gleichwertig mit Effizienz und Effektivität zu betrachten sind.

Kristina Karvonen [Karv00] fand einen Zusammenhang sowohl zwischen ästhetischer Präferenz und Zufriedenheit als auch zwischen einem als ästhetisch wahrgenommenen Design und dem Vertrauen des Nutzers gegenüber einem Online-Service. Ihre Studie im skandinavischen Raum zeigt eine vergrößerte Bereitschaft der Probanden, einem Service zu vertrauen und ihn zu nutzen, wenn er ein in ihren

Augen gefälliges Design aufwies. Karvonen erklärt diese Erkenntnis mit der Emotionalität von Entscheidungen, welche in erster Linie intuitiv getroffen werden. Das Verlangen nach Ästhetik scheint allen Menschen innezuwohnen. „Schönheit ist die stärkste Macht der Welt," wie der französische Autor Anatole France (zitiert in [Karv00 S.86]) einmal schrieb.

Wie auch Tractinsky erachtet Karvonen die Berücksichtigung kultureller Unterschiede der ästhetischen Präferenz als eine wichtige Angelegenheit vor allem in einer global orientierten Umgebung wie dem Internet. Da Usability immer von den Bedürfnissen des Nutzers ausgeht, ist bei der Gestaltung einer Webseite für verschiedene Kulturkreise zu prüfen, ob diese auch tatsächlich für alle in gleichem Maße benutzbar ist.

Unterstützer der Theorie von Karvonen über den Einfluss der ästhetischen Gestaltung auf die Bildung von Vertrauen ist Bo Westerlund [West02], der in seinem Artikel *Form is Function* die Wichtigkeit äußerer Formen hervorhebt. Über die äußere Form wird der Inhalt wahrgenommen und es erfolgt eine Kategorisierung, die maßgeblich die Einstellung des Nutzers gegenüber der Webseite bestimmt.

Das Thema Ästhetik auf dem Gebiet der Mensch-Maschine-Kommunikation wurde in den letzten Jahren in einigen weiteren Artikeln diskutiert. Dazu gehören unter anderem Lars Hallnäs und Johan Redström [HaRe02], Kiana Matthews [Matt99], und Zeynep Sevener [Seve03]. Allen gemein ist die Hervorhebung der Wichtigkeit von Ästhetik.

Die neurologische Forschung liefert Erklärungen, weshalb ein ansprechendes Design Einfluss auf unsere Einstellung gegenüber Webseiten oder anderen UI nimmt. So bezieht sich Kallio [Kall03] auf die *somatische Marker Hypothese* von Damasio [Dama00] um die Entscheidungsfindung bei der Nutzung von Interfaces zu erläutern. *Somatische Marker* sind Körpersignale, mit denen das *emotionale Erfahrungsgedächtnis*[5] arbeitet [Stor03]. Über diese Körpersignale teilt es seine Bewertung mit. Somit basiert die Bewertung auf den persönlichen Erfahrungen eines Menschen, die auch durch die jeweilige Kultur geprägt werden. Dies gibt Anlass zu der Vermutung, dass die Bewertung von Webseiten abhängig ist vom kulturellen Hintergrund des Nutzers. Kallio argumentiert, dass ein ansprechendes Interface positive Reaktionen hervorruft; der somatische Marker signalisiert, dass sich der

---

[5]   Es wird angenommen, dass bei jeder Wahrnehmung und jeder Handlung unter anderem eine Bewertungskomponente in unterschiedlichen Gedächtnissen (perzeptives, kognitiv-explizites, emotionales und prozedural-implizites Gedächtnis) abgelegt wird [Sond04].

Körper im „*pleasure mode*" [Kall03 S.143] befindet und unterstützt durch ein positives Gefühl die Entscheidung, sich weiterhin mit dem UI zu befassen.

Natürlich werden Entscheidungen nicht auf einer rein emotionalen Ebene getroffen, jedoch spielen Affekt und Emotion für die Bewertung eine wichtige Rolle, da sie die ersten chemischen Reaktionen des Körpers darstellen und somit vor den kognitiven Prozessen angesiedelt sind. Diese Theorie wurde schon vor über 100 Jahren von William James aufgestellt (in [HaRo97 S.91]) und wird heutzutage auch auf dem Gebiet der HCI von einigen Forschern bestätigt. Hierzu zählen Barbara Hayes-Roth [HaRo97], Daniel Goleman [Gole01] und auch Donald Norman [Norm02].

Donald Norman [Norm02] zufolge beeinflusst der Affekt nicht nur die Entscheidungsfindung sondern auch die Fähigkeit zur Problemlösung. Nach Donald Norman ist dies evolutionsbedingt. Ein negativer Affekt versetzt den Nutzer in Stress und führt so zu einer Fokussierung der Konzentration auf Einzelheiten. Im Gegensatz hierzu bewirkt ein positiver Affekt eine Erweiterung des Gedankenprozesses und ermöglicht kreativeres, offeneres Denken. Gleichzeitig erhöht sich die Toleranz gegenüber kleinen Fehlern und Problemen des UI. Jedoch dürfen die kognitiven Prozesse, die auf die chemische Reaktion folgen, nicht vernachlässigt werden.

Eine fundierte theoretische Erklärung über den Einfluss von Stimmungen auf die Leistung liefert das kognitiv-motivationale Mediatorenmodell von Andrea Abele [Abele95, Abele99]. Darin werden sehr differenziert die potentiellen Wirkungen von Stimmungen beschrieben, wobei sie die Stimmung als eine Unterkategorie des Oberbegriffs Emotion definiert. Weitere Unterkategorien von Emotion sind Gefühl und das evaluative Urteil. Alle drei haben eine „Komponente des subjektiven Erlebens bzw. des ‚Zustandsbewußtseins'" [Abele95], also eine emotionale Komponente, gemeinsam. *Stimmungen* sind im Gegensatz zu dem auf bewusst wahrgenommenen Anlässen beruhenden und sehr intensiven *Gefühl* eher diffus. Sie stehen nicht, wie das Gefühl, im Mittelpunkt der Aufmerksamkeit. Da Gefühle im Allgemeinen durch momentane Ereignisse hervorgerufen werden, bewirken Farben auf Benutzeroberflächen eine nicht plötzlich auftretende und nicht bewusst wahrgenommene Änderung der *Stimmung*, nicht des *Gefühls*, da die Benutzeroberfläche bei der Arbeit permanent wahrgenommen wird und keine plötzlichen Änderungen unterzogen wird. (vgl. [Laug01])

Ästhetische Reize sieht Abele als ein Ereignis „von hedonischer Relevanz im weitesten Sinn" [Abele95, S. 17], das unter anderem eine Veränderung der

Stimmung bewirken kann. Über eine Zusammenfassung von 18 Untersuchungen gelangt Abele, wie auch Donald Norman, zu dem Schluss, dass positive Stimmungen zu einer Leistungserhöhung führen, wohingegen negative Stimmungen leistungsmindernd wirken. (s. auch [Klaue91])

Eine genauere Erläuterung des kognitiv-motivationalen Mediatorenmodells würde über den Rahmen dieser Arbeit hinausgehen. Siehe hierzu [Abele95, Abele99].

Entgegen der Annahme aus den Anfangszeiten der Forschung im Bereich der Usability, wirken Ästhetik und Usability sich nicht negativ aufeinander aus, sondern können sich gegenseitig ergänzen. Oben angeführte Untersuchungen zeigen, dass sich eine als ästhetisch wahrgenommene Benutzeroberfläche sowohl auf die subjektiv wahrgenommene Usability, als auch auf die tatsächliche Usability auswirken kann. Über eine ästhetisch ansprechende Gestaltung wird eine positive Beeinflussung der Stimmung des Nutzers und seiner Einstellung gegenüber der Benutzeroberfläche erreicht. Dies kann zu einer verbesserten Performanz führen. Gleichwohl muss immer auf eine Balance zwischen Ergonomie und Ästhetik geachtet werden. Eine ästhetisch gestaltete Benutzeroberfläche wirkt zwar auf den ersten Blick angenehm und kann den Nutzer positiv beeinflussen, doch kann eine schlechte Benutzbarkeit diesen unterstützenden Effekt zunichte machen.

Kulturell bedingte Unterschiede in der Wahrnehmung und der ästhetischen Präferenz müssen berücksichtigt werden, da sich die Bewertung von Ästhetik interkulturell unterscheiden kann. Auch die Bedeutung von Ästhetik für die Usability kann in verschiedenen Kulturkreisen variieren.

Die in diesem Abschnitt dargelegten Studien beziehen sich nicht ausschließlich auf Webseiten, sondern auch auf andere computergestützte Benutzeroberflächen. Da es sich bei einer Webseite um eine spezielle Kategorie einer computergestützten Oberfläche handelt, können jedoch sämtliche Ergebnisse auf die Anwendung von Webseiten übertragen werden.

2.2.3 Farbe als ästhetische Dimension

Bettina Laugwitz [Laug01] bezieht sich bei Ihrem Experiment zum „Einfluss der ästhetischen Farbgestaltung einer Software-Benutzeroberfläche auf Benutzbarkeit und Leistung" [Laug01 S. 133] auf die leistungssteigernde Funktion von Stimmung.

Ihre Vermutung, dass sich eine farblich ästhetisch gestaltete Oberfläche sowohl positiv auf die Befindlichkeit und die subjektive Beanspruchung, als auch auf die objektive Leistung auswirken, konnte durch ihre Studie zumindest in Bezug auf die Befindlichkeit und die Beanspruchung bestätigt werden. Die Teilnehmer wurden in zwei Gruppen aufgeteilt und mussten mit Hilfe einer, abgesehen von der Farbgestaltung identischen, Software eine Aufgabe lösen. Tests bei Beginn der Bearbeitung und im Anschluss daran ergaben einen Effekt der Farbgestaltung auf die *Wachheit / Müdigkeit*[6] sowie Unterschiede der *„psychischen Ermüdung"* und der *„psychischen Sättigung"*[7] [Laug01 S. 134]. Hinweise auf einen direkten Effekt auf die Leistung konnten in diesem Experiment nicht nachgewiesen werden, was jedoch auf die kurze Bearbeitungszeit zurückgeführt werden kann. Allerdings können negative Auswirkungen einer farblich unästhetisch gestalteten Benutzeroberfläche auf die Wachheitsempfindung und auf die psychische Sättigung bei längerer Arbeitsdauer zu einer Leistungsminderung führen. Umgekehrt kann angenommen werden, „dass die ästhetische Farbgestaltung einer Eingabemaske sich positiv auf die Stimmung und die erlebten Beanspruchungsfolgen des Benutzers auswirken kann. In der Folge kann damit gerechnet werden, dass auf Dauer weniger Fehler auftreten und mehr Leistung erbracht wird, wenn die Oberfläche ästhetisch ansprechender gestaltet ist, als wenn sie eher nicht gefällig ist." [Laug01 S. 147]

Diese Ergebnisse bestätigen die positive Wirkung einer ästhetischen Farbgestaltung in Software-Benutzeroberflächen nicht nur aus marketingtechnischer Sicht, sondern auch hinsichtlich der Softwareergonomie.

---

[6]   Die Messungen wurden teilweise anhand des MDBF [Stey97] durchgeführt. Grundlage ist hierbei eine Unterteilung der Stimmung in drei Stimmungsdimensionen. Eine dieser Stimmungsdimensionen ist die Aktivierungsdimension, deren Messung über eine Wachheits- / Müdigkeitsskala vollzogen wird.

[7]   Neben der Messung anhand des MDBF wurden die psychischen Zustände der Teilnehmer mit den Skalen des BMS [PiRi84] gemessen. Kurze Erläuterung der Skalen: *„Psychische Ermüdung (B)* entsteht durch zeitlich anhaltende Forderungen des Leistungsvoraussetzungen. Sie geht mit dem Erleben von Erschöpfung und Müdigkeit ohne Langeweile einher. [...] *Monotonie (M)* tritt v.a. als Folge einförmiger Arbeit auf, die Aufmerksamkeit erfordert, ohne eine sachbezogene geistige Auseinandersetzung mit der Aufgabe zu erlauben. [...] *Psychische Sättigung (S)* wird durch das Erlebnis fehlender Sinnhaftigkeit bei gleichzeitiger Bereitschaft zur Aufgabenrealisierung ausgelöst. Erlebt wird unlustbezogene Gereiztheit und Widerwillen." [Laug01 S.134].

3 Farbe und Webdesign

„Jeder, der an einem Bildschirm mit Farbe arbeitet, ist auf eine solide theoretische Basis angewiesen, benötigt eine verlässliche Theorie, mit welcher die Ergebnisse seiner Tätigkeit kalkulierbar werden" [Küpp92 S.10]. Dieses Kapitel liefert eine umfassende Darlegung der verschiedenen fachlichen Perspektiven der Farbwissenschaft, die in Bezug auf die Verwendung von Farben im Webdesign und auf die Kalkulierbarkeit der Farbwirkung auf Webseiten von Bedeutung sind. Für eine einheitliche Basis der verschiedenen Disziplinen der Farbwissenschaft erfolgt zunächst eine wissenschaftliche Definition des Begriffes Farbe.

Die Verarbeitung eines Farbreizes, die zu einer Farbempfindung führt, gehört in den Bereich der *Physiologie und der Sinnespsychologie*. Die Farbempfindung ist losgelöst von der Wirkung der Farbe. Nachstehend erfolgt eine Darstellung der physiologischen und sinnespsychologischer Prozesse der Farbwahrnehmung und eine Darlegung des Zusammenhanges zwischen physikalischem Farbreiz und Farbempfindung.

Die Untersuchung des *physikalischen Farbreizes* und der Strahlungsverteilung der Farbreizfunktion beschäftigt Physiker, Farbmetriker, Computer- und Fernsehtechniker. Hierbei liegt der Schwerpunkt auf Objektivität und Vergleichbarkeit von Farben.

Ein Farbdesign, welches *ergonomischen Regeln* folgt, kann die Usability einer Webseite erhöhen. Die Möglichkeiten, Farbe als Hilfsmittel zur Informationsvisualisierung einzusetzen, werden in Abschnitt 3.4 diskutiert.

Die Orientierung auf *ästhetische, psychologische und kulturelle Wirkungen* der Farben erfordert nur grundlegende Kenntnis farbmetrischer oder physiologischer Gesetzmäßigkeiten. Für den Einsatz von Farbe auf Webseiten, insbesondere für den internationalen Einsatz , sind jedoch alle oben genannten Bereiche gleichwertig.

3.1 Begriffsdefinition Farbe

Wenn in der Umgangssprache von Farbe die Rede ist, so ist meist „bunte Farbe" gemeint, häufig als eine Eigenschaft eines Gegenstandes. Auch werden Farbstoffe und Pigmente als Farben bezeichnet, was jedoch keine wissenschaftlich korrekte Definition darstellt. Laut DIN 5033 ‚Farbmessung' Teil 1, ist „Farbe im Sinne dieser

Norm [...] ein durch das Auge vermittelter Sinneseindruck, also eine Gesichtsempfindung. Die Farbe ist diejenige Gesichtsempfindung eines dem Auge strukturlos erscheinenden Teiles des Gesichtsfeldes, durch die sich dieser Teil bei einäugiger Beobachtung mit unbewegtem Auge von einem gleichzeitig gesehenen, ebenfalls strukturlosen angrenzenden Bezirk allein unterscheiden kann" [DIN5033 Teil1]. Farbe ist hier definiert als eine Empfindung, nicht als eine (physikalische) Eigenschaft eines Gegenstandes. Da wir mit den Augen sehen, wird diese Empfindung als Gesichtsempfindung bezeichnet. Die Farbe dient zur Unterscheidung von Flächen, die sich ansonsten weder in der Struktur noch in der räumlichen Lage unterscheiden. Diese Unterscheidungsmerkmale sind für die Wahrnehmung von Farben nicht von Bedeutung. Die Bedingung der einäugigen Beobachtung schließt weiterhin für die Unterscheidung zweier aneinander angrenzender Bezirke die Notwendigkeit von Glanzunterschieden als Merkmale aus, wenn sich diese aufgrund der Farbe unterscheiden. Jedoch wird die Farbwahrnehmung durch die oben genannten Unterscheidungsmerkmale Struktur, räumliche Lage und Glanz nicht verfälscht. Diese sind lediglich für die Farbwahrnehmung nicht relevant. Eine Darstellung, wodurch eine Farbempfindung ausgelöst wird, findet sich in der Definition des Brockhaus. Hier ist Farbe im wissenschaftlichen Sinne „eine von Licht bestimmter spektraler Beschaffenheit ausgelöste und durch das Auge vermittelte Sinnesempfindung, d.h. Farbe ist die Kurz-Bezeichnung für eine derartig hervorgerufene Farbempfindung. Sie ist als Sinnesempfindung keine physikalische Eigenschaft der Dinge (d.h. der auslösenden Lichtstrahlung oder des Gegenstandes, von dem eine solche Strahlung ausgeht) sondern das Ergebnis einer von der räumlichen Zuordnung losgelösten Strahlungsbewertung durch den Gesichtssinn und daher physikalischen Messungen nicht direkt zugänglich" [Broc97]. Die Farbempfindung wird durch den auf der Netzhaut auftreffenden physikalischen Farbreiz hervorgerufen. Als Farbreiz bezeichnet man die ins Auge einfallenden sichtbaren elektromagnetischen Wellen. Der sichtbare Bereich der liegt zwischen 380 nm und 780 nm. Durch die Farbreizfunktion $\varphi(\lambda)$ wird die spektrale Verteilung des Farbreizes bestimmt. Diese ist sowohl abhängig von den Remissions- und Absorptionseigenschaften des Gegenstandes als auch von der den Gegenstand beleuchtenden Lichtquelle. Ein und dasselbe T-Shirt ruft daher in der Beleuchtung des Ladens und bei Tageslicht unterschiedliche Farbempfindungen hervor, d.h. der auf der Netzhaut auftreffende Farbreiz ist jeweils ein anderer [Lang95, Küpp92]. Die

Farbreizfunktion wird je nach Medium unterschiedlich gebildet. Es wird unterschieden zwischen *Körperfarben*[8] und *Lichtfarben*[9] [Lang95, Rich81]. Computerbildschirme sind Primärstrahler, da das Licht für die Bildwiedergabe, und damit der Farbreiz, im Gerät selbst erzeugt wird. Daher handelt es sich bei den Farben des Computerbildschirmes um Lichtfarben; Körperfarben kommen bei der Farbwahrnehmung von Webseiten nicht zum Tragen. Der Farbreiz von Lichtfarben ist gleich der Strahlungsfunktion des Primärstrahlers. Die oben zitierten Definitionen des Begriffes Farbe schließen beide sowohl die bunten also auch die unbunten Farben mit ein. Als unbunte Farben werden alle Graustufungen einschließlich Weiß und Schwarz bezeichnet. Somit ruft eine veränderte Helligkeit eine andere Farbempfindung hervor.

3.2 Prozesse der Farbwahrnehmung im visuellen System

Zum Verständnis der Farbenlehre sind Kenntnisse der physiologischen und sinnespsychologischen Vorgänge der Farbwahrnehmung sehr hilfreich. In diesem Kapitel werden die Grundzüge der Funktionsweise des visuellen Systems erläutert; der Schwerpunkt hierbei liegt auf physiologischen Gegebenheiten und Vorgängen, die das Farbensehen betreffen [Lang95, Küpp92, Rich81].

Wie schon im vorangehenden Kapitel kurz erläutert, beruht die Farbwahrnehmung auf einem Farbreiz, der durch die Pupille in das Auge eintritt und dort auf die Netzhaut, auch Retina genannt, auftritt.

Abbildung 3.1. zeigt den horizontalen Querschnitt durch ein menschliches Auge. Durch das optische System des Auges, bestehend aus gekrümmter Hornhaut und Linse, treffen die Lichtstrahlen auf der Netzhaut auf, wobei die betrachteten Gegenstände auf der Netzhaut abgebildet werden. Auf der Außenseite der Netzhaut, die der Richtung des Lichteinfalls abgewandt ist, befinden sich lichtempfindliche Sinneszellen, so genannte Photorezeptoren. Diese werden anatomisch in Stäbchen und Zapfen unterschieden. Verantwortlich für das Tagessehen (photopisches Sehen) und damit auch für das Farbensehen sind die Zapfen. Die Aktivität der Zapfen beginnt erst ab einer bestimmten Leuchtdichte der Umgebung. Die Stäbchen

---

[8]   Der Farbreiz von Sekundärstrahlern wird als Körperfarbe bezeichnet. Dieser wird bestimmt durch die Beschaffenheit des Materials und durch die Beleuchtung.
[9]   Der Farbreiz von Primärstrahlern (Selbstleuchtern) wird als Lichtfarbe bezeichnet.

hingegen sind lichtempfindlicher und zuständig für das Dämmerungs- und Nachtsehen (skotopisches Sehen), können jedoch keine Farbinformationen verarbeiten, sondern ausschließlich Hell-Dunkel-Unterscheidungen treffen. Ab einer bestimmten Leuchtdichte sind die Stäbchen inaktiv und haben daher keinen Einfluss auf die Farbwahrnehmung des photopischen Sehens. Daher wird auf eine genaue Betrachtung ihrer Funktionsweise an dieser Stelle verzichtet (vgl. [Lang95, Rich81]).

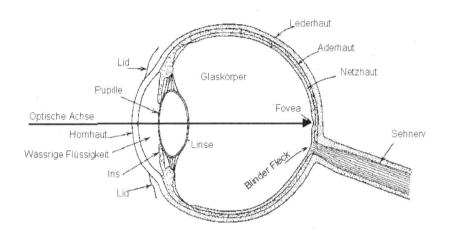

Abbildung 3.1: Querschnitt durch ein menschliches Auge. Quelle: [Gall].

Die meisten Zapfen befinden sich in der Fovea centralis, der Stelle des deutlichsten Sehens. Dort gibt es keine Stäbchen, die ansonsten in einer höheren Konzentration im Auge vorhanden sind. Die Innenseite der Netzhaut wird von Ganglienzellen bedeckt, die für die weitere Reizverarbeitung von Bedeutung sind. (vgl. S.19, Zonentheorie). Die Nervenfasern der Ganglienzellen laufen an einer Stelle der Netzhaut im sogenannten *blinden Fleck* zusammen und bilden den Sehnerv. Dieser verbindet das Auge mit dem Gehirn. Der blinde Fleck enthält keine Photorezeptoren [Lang95, Küpp92, Rich81]. In Abbildung 3.2. ist ein schematisierter Querschnitt durch die Netzhaut dargestellt. Wie bereits erwähnt, sind die Zapfen für das Farbensehen verantwortlich. Nach der Young-Helmholtzschen Dreikomponententheorie gibt es drei verschiedene Arten von Zapfen mit unterschiedlicher spektraler Empfindlichkeit. Schon im 18. Jahrhundert stellte der englische Arzt und Physiker Thomas Young die Hypothese auf, dass „die Dreidimensionalität [der Farbwahrnehmung] nicht in der

Natur des Lichts, sondern im Aufbau des Sehorgans begründet ist" [Lang95 S.140].
Diese Hypothese konnte um 1870 von dem Physiker James Clerk Maxwell und dem
Physiologen und Physiker Hermann von Helmholtz bestätigt werden [Lang95,
Rich81]. Dies führte zu der heute als wissenschaftlich abgesichert geltenden
Dreikomponententheorie, die als Grundstock für das Verständnis der
Farbwahrnehmung gilt.

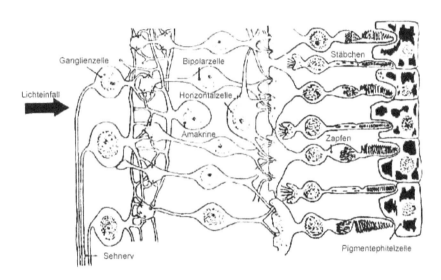

Abbildung 3.2: Querschnitt durch die Netzhaut. Quelle: [Psyc].

Der Farbreiz, der auf die Netzhaut auftrifft, wird durch die Farbreizfunktion $\varphi(\lambda)$
bestimmt. Dieser wird von den Zapfen absorbiert und in neuronale Erregung
umgewandelt. Die Intensität der Erregung ist abhängig von der Menge des in den
jeweiligen Rezeptoren absorbierten Lichtes. Das Verhältnis der Erregung der
Rezeptoren bestimmt den Farbeindruck. Die Grundspektralwertkurven in Abbildung
3.3. zeigen die spektrale Empfindlichkeit der drei Zapfenarten des trichromatischen[10]
Auges. Etwa 64 % aller Farbrezeptoren sind empfindlich für den roten, etwa 32 % für
den grünen und nur etwa 2% für den blauen Wellenlängenbereich.

---

[10]   Bei dem trichromatischen Auge handelt es sich um ein Auge ohne Farbenfehlsichtigkeit. Alle drei
       Zapfenarten sind voll funktionsfähig.

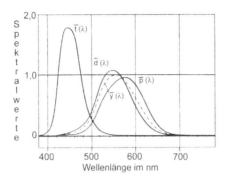

Abbildung 3.3: Grundspektralwertkurven. Quelle: [Lang95 S.141]

Dennoch lassen sich nicht alle Phänomene der Farbwahrnehmung über die Dreikomponententheorie, deren Prozesse auf der Zellebene stattfinden, erläutern. So ist die Empfindung der unbunten Farben „sehr deutlich durch das Fehlen einer bestimmten Qualität, nämlich der Buntheit, gekennzeichnet. Nach der Dreikomponententheorie sind die unbunten Farben jedoch nur quantitativ durch ein bestimmtes Verhältnisse der drei Erregungsarten von den bunten Farben unterschieden" [Lang95 S. 143] Weiterhin erscheinen uns die Farben Rot, Gelb, Grün und Blau „als besonders rein und unvermischt" [Lang95 S. 143], andere Farben enthalten dagegen aus der Sicht des trichromatisch sehenden Menschen immer Anteile von zwei dieser reinen Farben. Der Physiologe Ewald Hering benannte diese vier reinen Farben als *Urfarben.* Sie sind die Grundlage der von ihm im Jahre 1872 entwickelten *Gegenfarbentheorie.*

> „Je zwei Urfarben, nämlich Rot und Grün bzw. Blau und Gelb bilden ein Paar von *Gegenfarben,* deren Anteile nie gleichzeitig in einer Farbe enthalten sein können. So ist ein Orange gleichzeitig rötlich und gelblich oder ein Cyan gleichzeitig bläulich und grünlich, aber keine Farbe kann gleichzeitig bläulich und gelblich oder gleichzeitig rötlich und grünlich aussehen" [Lang95 S. 143].

Nach Hering verlaufen bei der Farbwahrnehmung im visuellen System zur gleichen Zeit drei gegenläufige Prozesse, ein Hell-Dunkel-Prozess, ein Rot-Grün-Prozess und ein Gelb-Blau-Prozess. Die Farbempfindung kommt dabei durch den Auf- und Abbau dreier verschiedener Sehsubstanzen zustande.

Die Gegenfarbentheorie und die Dreikomponententheorie sorgten lange Zeit für Streitigkeiten unter Farbwissenschaftlern, da sie nicht miteinander vereinbar schienen. Heute jedoch gelten beide Theorien als bestätigt und werden unter anderem in der Zonentheorie nach Johannes von Kries [Rich81, Lang95] zusammengefasst. Diese Theorie wurde später von verschiedenen Forschern wieder aufgegriffen. Hierzu zählen unter anderen Müller, Hurvich und Jameson (in [Rich81]). Nach Kries laufen die beiden Prozesse auf verschiedenen Ebenen der visuellen Reizverarbeitung ab. So kann mit der Gegenfarbentheorie die zweite Stufe der Reizverarbeitung im visuellen System erklärt werden. In den höheren Zentren der Sehbahn befinden sich rezeptive Felder, die bei Erregung durch rotes und grünes bzw. Erregung durch gelbes und blaues Licht einen gegensätzlichen Erregungseffekt auslösen. Abbildung 3.4 zeigt eine schematische Darstellung der Reizverarbeitung in der Netzhaut entsprechend der Zonentheorie.

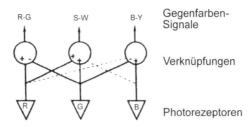

Abbildung 3.4: Zonentheorie. Quelle: Eigene Darstellung in Anlehnung an [Lang95 S.151]

Aus der Erregung der drei Zapfentypen werden in den Ganglienzellen Summen- und Differenzensignale entsprechend der Gegenfarbentheorie gebildet. Über die Bildung einer Summe entsteht das Helligkeitssignal, die Differenzensignale ergeben die Gegenfarbensignale nach Hering. Helligkeits- und Farbinformationen werden im visuellen System demnach getrennt verarbeitet.

Besonderheiten der Farbwahrnehmung

Im Folgenden sind einige Besonderheiten der Farbwahrnehmung dargestellt, die bei der Farbgestaltung von Webseiten zu berücksichtigen sind. Eine detaillierte Ausführung der Prozesse, die diesen Besonderheiten zu Grunde liegen, würde über den Rahmen dieser Arbeit hinausgehen, da diese für die Fragestellung nicht von Bedeutung sind.

Zum einen gibt es das Phänomen, dass derselbe Farbreiz unterschiedliche Farbempfindungen auslösen kann. Dies kann im Bereich der Farbwahrnehmung über einen Computerbildschirm aufgrund eines *Sukzessiv- oder Simultankontrastes* der Fall sein [Lang95 S.20f].[11] Der Sukzessivkontrast beschreibt die Bildung von Nachbildern im Auge, die Farbempfindung unterliegt einer zeitlichen Änderung. Das bedeutet, dass nach längerer Betrachtung einer bunten Fläche im Auge eine Veränderung auftritt und so ein Nachbild in der Gegenfarbe der betrachteten Fläche entsteht. Dieses Nachbild verschwindet nach einer gewissen Zeit wieder. Ähnliches passiert beim Simultankontrast, jedoch liegt hier eine örtliche Änderung der Farbempfindung vor. So erscheint beispielsweise ein grauer Kreis inmitten einer grünen Fläche rötlich, er nimmt also für den Betrachter die Gegenfarbe an. Der Simultankontrast gewinnt bei der Farbgestaltung am Bildschirm sehr stark an Bedeutung, weil er die Wahrnehmung der Farbkombinationen beeinflussen kann.

Neben diesen Phänomenen können zum anderen auch verschiedene Farbreize gleiche Farbempfindungen auslösen. Dies ist auf die *chromatische Adaption* oder *Farbstimmung* des Auges zurückzuführen [Lang95 S.22]. Das Auge stellt sich dabei mit der Zeit auf die umgebende Beleuchtung ein. Eine farbige Fläche sieht so auch in unterschiedlichen Beleuchtungen gleich aus, wenn das Auge ausreichend Zeit zur Umstimmung hatte.

3.3 Technische Grundlagen

Die Farbgestaltung einer Webseite kann auf verschiedenen Monitoren unterschiedliche Farbeindrücke hervorrufen. Dies kann unterschiedliche Gründe haben. Tabelle 3.1 zeigt einen Überblick über die verschiedenen Faktoren, die Einfluss auf den Farbeindruck haben können.

Zum Verständnis der in Tabelle aufgeführten Faktoren sind fundierte technische Kenntnisse im Bereich der Farbmetrik und Kenntnisse der Funktionsweise von Monitoren notwendig. Daher sollen im Folgenden zunächst die grundlegenden Begriffe der *Farbmetrik* aufgeführt und Zusammenhänge erläutert werden, die für das Verständnis der Farbwiedergabe an Computerbildschirmen notwendig sind.

---

[11]   Das Phänomen der farbigen Schatten kann bei Computerbildschirmen nicht auftreten, da hier keine Schattenbildung möglich ist. Die Farbempfindung wird ausgelöst durch den Computerbildschirm als Selbstleuchter (vgl. [Lang95]).

Weiterhin werden verschiedene Faktoren erläutert, welche aus technischer Sicht die Farbwiedergabe und den Farbeindruck von Darstellungen an Computermonitoren beeinflussen können.

Ursprung	Faktoren, die den Farbeindruck beeinflussen
Anzeige	Leuchtdichte Spektralverteilung und –bereich Leuchtstoff Auflösung
Darstellung	Benachbarte Farben Größe Ortsfrequenz
Betrachter	Adaptionsniveau Farbwahrnehmungsfähigkeit
Raum	Beleuchtungsstärke Farbtemperatur der Beleuchtung

Tabelle 3.1: Faktoren, die den Farbeindruck beeinflussen. Quelle: [ENIS8 S.3].

Da dieses Kapitel ausschließlich auf technischen Fakten basiert, welche zum Allgemeingut gehören, wird hier auf Zitate vieler verschiedener Autoren verzichtet. Als Referenz sind im Textfluss Bücher genannt, welche die Gesamtzusammenhänge darstellen.

3.3.1 Farbmetrik

Die Farbmetrik befasst sich mit der Einordnung von Farben in ein Maßsystem. Eine zahlenbasierte Benennung von Farben bietet Objektivität und erleichtert so die Vergleichbarkeit und verhindert Missverständnisse, die bei der ausschließlichen Verwendung von Farbnamen auftreten können. Die *niedere Farbmetrik*, auch *Farbvalenzmetrik* genannt, ist eine *psychophysische* Wissenschaft und befasst sich mit der Herstellung eines Zusammenhanges „zwischen dem physikalischen Farbreiz einerseits und der Farbempfindung andererseits" [Lang95 S.31]. Sie dient der quantitativen Farbfestlegung. Die Farbvalenzmetrik ist, wie der Name schon sagt, auf dem Begriff der *Farbvalenz* aufgebaut. Eine Farbvalenz ist eine metrische Größe und bezeichnet Farbreize, die gleiche Farbempfindungen hervorrufen. Die Farbempfindung wird „mit qualitativen Begriffen wie Helligkeit, Buntton, Buntheit oder Sättigung beschrieben" [Lang95 S. 14].

Die *höhere Farbmetrik* oder *Farbempfindungsmetrik* mit der empfindungsgemäßen Beschreibung von Farbabständen. Dabei verwendete Größen werden *psychometrische* Größen genannt [Lang95, Rich81].

3.3.1.1 Begriffsdefinitionen

Für eine wissenschaftliche Erörterung des Themas Farbe ist eine genaue Abgrenzung der Begrifflichkeiten unabdingbar. Nachstehend sind einige Begriffe definiert, die für das Verständnis des Folgenden notwendig sind.

- Buntheit: „Kennzeichnung für den Grad der Farbigkeit unter Berücksichtigung der Helligkeit" [Schl93 S.173].

- Buntton: Der Buntton kennzeichnet die Art der Buntheit einer Farbe. Früher wurde hier der Begriff Farbton verwendet.

- Farbart: „Farbvalenzen, die sich nur durch ihre Leuchtdichte unterscheiden, haben gleiche Farbart" [Lang95 S.85]. Bei Farben gleicher Farbart stimmen Buntton und Sättigung überein.

- Farbtemperatur: Stimmt die Farbvalenz eines technischen Strahlers mit der Farbvalenz des schwarzen Strahlers bei einer bestimmten Temperatur T_f überein, so hat er die Farbtemperatur T_f, angegeben in Kelvin.

- Farbvalenz: Farbreize, die unter bestimmten Bedingungen[12] gleiche Farbempfindungen auslösen, sind *metamer*[13] [Lang95]. Eine Klasse metamerer Farbreize wird als Farbvalenz bezeichnet. Die Farbvalenz ist eine dreidimensionale Größe, die durch drei Maßzahlen oder Ortsvektoren im Raum dargestellt werden kann [Rich81].

- Helligkeit: Kennzeichnung für die Stärke einer Lichtempfindung oder die Stärke der Lichtempfindung einer Körperfarbe [Schl93].

- Leuchtdichte: Maß für die Helligkeit eines Selbstleuchters [Schl93].

---

[12] Die Bedingungen für einen Farbvergleich finden sich in der Definition des Begriffes Farbe der DIN 5033, Teil 1 (vgl. Abschnitt 3.1).

[13] 1. Graßmannsches Gesetz, vgl. Abschnitt 3.3.1.2.

- Sättigung: Kennzeichnung für den Grad der Farbigkeit unabhängig von der Helligkeit [Schl93].

3.3.1.2 Additive Mischung

Unter Farbmischung versteht man alle Prozesse der Farbreproduktion. Grob unterteilt gehört hierzu die Mischung von Pigmenten sowie die Mischung von Lichtern. Nach der Definition von Farbe entsprechend Abschnitt 3.1 ist Farbe eine Gesichtsempfindung. Farbmischung ist streng genommen also eine Mischung verschiedener Farbbreize; die eigentliche Farbmischung findet in der Empfindung statt [Lang95, Rich81]. In dieser Arbeit wird daher nicht der Begriff Farbmischung verwendet, sondern statt dessen wissenschaftlich korrekt zwischen *subtraktiver* und *additiver Mischung* unterschieden. Sowohl bei der additiven als auch bei der subtraktiven Mischung lassen sich mit drei Grundfarben theoretisch alle möglichen Bunttöne ermischen. Die tatsächlich ermischbaren Bunttöne sind abhängig von der Art der Grundfarben (vgl. innere und äußere Mischung, S.27f). Die Mischung von Pigmenten oder anderen Farbmitteln wird als subtraktive Mischung bezeichnet. Diese ist jedoch für die Farbwiedergabe am Bildschirm nicht von Bedeutung, daher wird auf eine Beschreibung der Prozesse der subtraktiven Mischung an dieser Stelle verzichtet. Die Farbreproduktion am Bildschirm geschieht über die additive Mischung von Lichtern.

Bei der additiven Mischung wirken verschiedene Farbbreize gleichzeitig oder in raschem periodischem Wechsel[14] auf die gleiche Netzhautstelle oder auf eng benachbarte Teile der Netzhaut[15] ein [Rich81]. Die technische Realisierung additiver Mischungen bei Farbbildschirmen wird zu einem späteren Zeitpunkt behandelt. In diesem Kapitel werden farbmetrische Zusammenhänge beleuchtet.

Die Farbvalenz bestimmt das Verhalten eines Farbbreizes in der additiven Mischung mit anderen Farbbreizen. Jede Farbvalenz wird durch drei Farbwerte gekennzeichnet, die das Verhältnis der drei zur Nachmischung der Farbe verwendeten Grundfarben bestimmen. Die Grundfarben der additiven Mischung werden Primärvalenzen genannt. Als additive Primärvalenzen für die Anwendung in Farbbildschirmen

---

[14]   Die Frequenz muss mindestens 25 Hz betragen. Ab 25 Hz ist das Auge aufgrund des zeitlich begrenzten Auflösungsvermögens nicht mehr in der Lage, Einzelbilder oder Punkte zu unterscheiden.

[15]   Ausnutzung des begrenzten örtlichen Auflösungsvermögens des Auges.

werden, entsprechend der spektralen Empfindlichkeit der Zapfen, die Farben Rot (R), Grün (G) und Blau (B) verwendet.

Eine vektorielle Darstellung der Farbvalenzen im Farbraum soll die additive Mischung veranschaulichen:

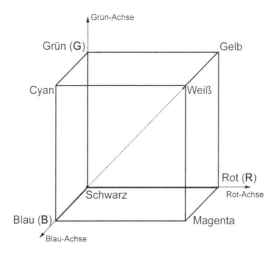

Abbildung 3.5: R-G-B-Würfel. Quelle: Eigene Darstellung.

Die Darstellung der Primärvalenzen als Vektoren ergibt einen Würfel. Jeder Punkt in diesem Würfel entspricht dem Endpunkt eines Vektors. Die Farbvalenzen **F** werden in diesem *Farbraum* als Endpunkte der Vektoren dargestellt. Die Vektorlänge wird durch Multiplikation mit dem Farbwert bestimmt. Für die Farbvalenz **F** ergibt sich demnach folgende Vektorgleichung, die als Farbgleichung bezeichnet wird:

$$\mathbf{F} = R \cdot \mathbf{R} + G \cdot \mathbf{G} + B \cdot \mathbf{B} \qquad (3.1)$$

R, G und B bezeichnen die Farbwerte, die den absoluten Anteil der Primärvalenzen in der Mischung angeben. Die Bedingung für die Wahl der Primärvalenzen **R**, **G** und **B** ist, dass keine aus den anderen beiden ermischbar sein soll, dass heißt, sie müssen voneinander unabhängig sein. Ist diese Bedingung für drei Primärvalenzen erfüllt, so ergibt sich ein *Primärvalenzsystem*. In jedem beliebigen

Primärvalenzsystem resultiert aus einer additiven Mischung mit R = G = B = 1 die Farbe Weiß.

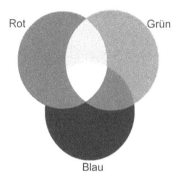

Abbildung 3.6: Additive Mischung. Quelle: Eigene Darstellung

Im Inneren und auf der Oberfläche des **R**-**G**-**B**-Würfels (Abb. 3.5) liegen alle Farbvalenzen, die additiv durch *innere Mischung* ermischt werden können [Lang95]. Man spricht von innerer Mischung, wenn die Farbgleichung ausschließlich positive Farbwerte enthält. Die *äußere Mischung* kann auch negative Farbwerte enthalten. Die Realisierung einer Farbgleichung lässt sich jedoch nur durch Umstellen derselben erreichen, um so wieder mit positiven Werten arbeiten zu können. Somit lässt sich zwar mit der äußeren Mischung eine Farbgleichheit herstellen, jedoch sind Farbvalenzen, die nur durch äußere Mischung darstellbar sind, technisch nicht realisierbar.

Abschließend sollen die drei Graßmannschen Gesetze, welche der additiven Mischung und somit auch der Farbreproduktion von Farbbildschirmen zugrunde liegen, kurz aufgeführt werden:

    1.   „Zwischen je vier Farbvalenzen besteht immer eine eindeutige lineare Beziehung" [Rich81 S.28]. Dies bedeutet, dass jede Farbvalenz aus drei Primärvalenzen durch innere oder äußere Mischung ermischbar ist.

    2.   „Für das Ergebnis einer additiven Farbmischung ist ausschließlich das Aussehen der Komponenten maßgebend, nicht ihre [spektrale] Zusammensetzung" [Rich81 S.31]. Dies besagt, dass für das Ergebnis der Mischung die Farbvalenz ausschlaggebend ist, nicht der Farbreiz. Jeder

Farbreiz einer additiven Mischung kann durch einen metameren Farbreiz ersetzt werden.

3.   „Ändert sich eine Komponente in einer additiven Mischung stetig, so ändert sich auch die Mischfarbe stetig" [Lang95 S.82].

Insbesondere das zweite Graßmannsche Gesetz ist von großer praktischer Bedeutung für die Farbwiedergabe von Computerbildschirmen. In der Regel unterscheiden sich die Farbreizfunktionen von Primärvalenzen unterschiedlicher Farbbildschirme, da zur Farbwiedergabe unterschiedliche Leuchtmittel[16] verwendet werden, deren Strahlungsfunktionen $S(\lambda)$ nicht identisch sind. Sind die Farbreizfunktionen der verschiedenen Primärvalenzen jedoch metamer, so lassen sich als Ergebnis der additiven Mischung gleiche Farbvalenzen erzielen.

3.3.1.3   Das Normvalenzsystem

Da eine räumliche Darstellung von Farbvalenzen in der Praxis schwierig ist, wird meist eine ebene Darstellungsweise unter Vernachlässigung der Helligkeit verwendet. Als eine internationale Norm gilt hier die CIE[17]-Normfarbtafel (Abb. 3.7). Jeder Punkt der Farbtafel, ein sogenannter *Farbort*, kennzeichnet jeweils eine Farbart. Die Normfarbtafel ist Bestandteil des international vereinbarten *Normvalenzsystems* der CIE aus dem Jahre 1931, das als farbmetrisches Bezugssystem verstanden werden kann.

Das Normvalenzsystem beruht auf einer linearen Transformation des im Folgenden definierten Primärvalenzsystems. Nachstehend ist die Entwicklung des Normvalenzsystems aufgezeigt.

Die Farbwerte der *Spektralfarben*[18] werden als *Spektralwerte* bezeichnet. Zur Bestimmung der Spektralwerte wurden 1931 von der CIE drei spektrale Farbreize mit folgenden Wellenlängen als Primärvalenzen definiert [Lang95 S.88]:

R = 700 nm

G = 546,1 nm

B = 435,8 nm

---

[16]   z.B. EBU-Phospore bei Farbfernsehern nach europäischer Norm.
[17]   Commission Internationale d'Eclairage = Internationale Beleuchtungskommission.
[18]   Die Farbreizfunktionen von Spektralfarben sind monochromatische Strahlungen.

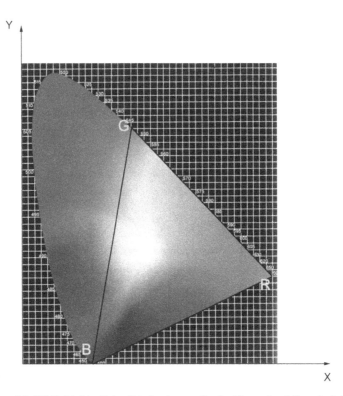

Abbildung 3.7: CIE-Farbtafel mit den Primärvalenzen. Quelle: Eigene Darstellung in Anlehnung an [Küpp92 S. 104].

17 Versuchspersonen sollten die Spektralfarben unter Verwendung dieser Primärvalenzen nachmischen. Aus den so bestimmten Spektralwerten wurden die *Spektralwertkurven* ermittelt Die Mittelwerte der Spektralwertkurven werden als repräsentativ für alle farbnormalsichtigen Menschen betrachtet und beschreiben den farbmetrischen 2°-Normalbeobachter[19] 1931[20] [Lang95]. Da das Thema der

---

[19]   Messungen mit einem Gesichtsfeld von 2°. Das Gesichtsfeld beschreibt den Blickwinkel des Betrachters bei der Betrachtung des Reizmaterials.

[20]   1964 wurden neue Messungen mit dem 10°-Normalbeobachter vorgenommen, die den Einfluss des gelben Pigments in der Fovea Centralis mindern sollten. Um eine Beeinflussung der Messungen durch die Aktivität der Stäbchen außerhalb der Fovea Centralis auszuschließen, muss bei den Messungen eine Mindestleuchtdichte gewährleistet sein [Lang95].

Messtechnik nicht Bestandteil meiner Arbeit ist, werde ich auf die genaue Durchführung der Messungen nicht weiter eingehen.

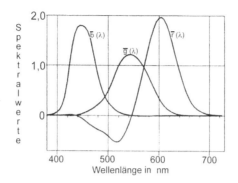

Abbildung 3.8: Spektralwertkurven. Quelle: [Lang95 S.90]

Aus den Spektralwertkurven lassen sich die Farbvalenzen der Spektralfarben ablesen. „Die Spektralwertkurven beschreiben [...] die Fähigkeit unseres Auges, der physikalischen Strahlung, dem Farbreiz $\varphi(\lambda)$, eine Farbvalenz zuzuordnen" [Rich81 S.66]. Spektralwertkurven sind immer abhängig von der Wahl der Primärvalenzen. Die negativen Spektralwerte (Abb. 3.8) zeigen an, dass sich mit den gewählten Primärvalenzen nicht alle Spektralfarben durch innere Mischung erzeugen lassen. Eine Darstellung der Farbörter der Primärvalenzen in der Farbtafel (Abb. 3.7) verdeutlicht dies. Dass ein Großteil der Spektralfarben nur durch äußere Mischung zu erreichen ist, zeigt sich daran, dass einige Farbörter[21] der Spektralfarben außerhalb des Primärvalenzdreiecks liegen. Verbindet man die Farbörter der Spektralfarben, so erhält man den *Spektralfarbenzug*. Das Verbindungsstück des kurz- mit dem langwelligen Ende ist die Purpurgerade. „Auf ihr liegen alle Mischungen aus den roten und blauvioletten Endfarben des Spektrums. Sie kommen als Farbtöne im Spektrum nicht vor" [Lang95 S.94]. Alle Farbörter innerhalb des Spektralfarbenzuges und der Purpurgeraden sind reell darstellbar.

In keinem Primärvalenzsystem mit reellen Primärvalenzen sind alle Farben in innerer Mischung enthalten. Das Normvalenzsystem verwendet daher die *virtuellen Normvalenzen* **X**, **Y** und **Z**, um eine Darstellung aller Farben in innerer Mischung zu erreichen. Die Berechnung der Farbörter der virtuellen Normvalenzen erfolgt über eine lineare Transformation der Primärvalenzen **R**, **G** und **B** [Rich81 S.73]:

---

[21]   Wie in der Geometrie spricht man auch in der Farbmetrik von *Örtern* als Plural von Ort.

$$X = 2,7689\ R + 1,7518\ G + 1,1302\ B$$
$$Y = 1,0000\ R + 4,5907\ G + 0,0601\ B \qquad (3.2)$$
$$Z = \qquad\quad 0,0565\ G + 5,5943\ B$$

Auch zur Errechnung der *Normspektralwertkurven* $\bar{x}\,(\lambda)$, $\bar{y}\,(\lambda)$ *und* $\bar{z}\,(\lambda)$ (Abb. 3.9), die keine negativen *Normfarbwertanteile* enthalten, gelten die Umrechnungsformeln aus (3.2). Für die Normfarbwertanteile gilt, analog zu den Farbwertanteilen anderer Primärvalenzen, $x + y + z = 1$.

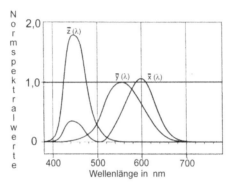

Abbildung 3.9: Normspektralwertkurven. Quelle: [Lang95 S.117]

Neben der Bedingung, dass alle Farben in innerer Mischung in dem Farbdreieck der Normvalenzen enthalten sein sollen, wird die Wahl der Normvalenzen noch durch zwei weitere Kriterien bestimmt. So stimmt die Normspektralwertkurve $\bar{y}\,(\lambda)$ mit der Hellempfindlichkeitskurve $V(\lambda)$ des Menschen überein. Folglich ist in dem Farbwert Y die Helligkeitsinformation der Farbvalenz enthalten. Das dritte Kriterium bezieht sich auf die Darstellung in der *CIE-Normfarbtafel* (Abb. 3.7). Der Unbuntpunkt U ist durch drei gleiche Normfarbwerte bestimmt, der Farbort ist also durch $x = y = z = 1/3$ gegeben [Lang95, Rich81].

Als Folge der virtuellen Normvalenzen liegt der Spektralfarbenzug nun innerhalb des Dreiecks der Normvalenzen. Ausgehend von dem Normvalenzsystem können nun alle Farbvalenzen durch Normvalenzen international einheitlich dargestellt werden.

3.3.1.4 CIELUV-Farbenraum

Die bisher beschriebenen Systeme dienen zur Kennzeichnung von Farbvalenzen, Aussagen über empfindungsgemäße Farbabstände können jedoch nicht getroffen werden. In diesem Abschnitt wird daher in Grundzügen auf ein empfindungsgemäßes Farbsystem eingegangen, welches vorwiegend für die Angabe von Farbabständen bei Selbstleuchtern (z.b. Monitoren) verwendet wird.

Durch eine projektive Transformation der Normfarbtafel ergibt sich die annähernd empfindungsgemäße UCS-Farbtafel CIE 1976 (Abb. 3.10), in der als Koordinaten u' und v' verwendet werden [Lang95, Rich81, ENIS8]. Die Koordinaten errechnen sich wie folgt aus den Normfarbwerten bzw. –farbwertanteilen [DIN5033]:

$$u' = 4X / (X + 15Y + 3Z) = 4x / (-2x + 12y+3) \qquad (3.3a)$$
$$v' = 9Y / (X + 15Y + 3Z) = 9y / (-2x + 12y+3) \qquad (3.3b)$$

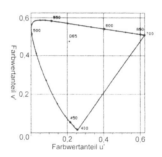

Abbildung 3.10: UCS-Farbtafel. Quelle: [Lang95 S.159]

Ein „angenähert empfindungsgemäß gleichabständiger dreidimensionaler Farbenraum" [ENIS8] ist der CIELUV-Farbenraum, welcher in [ENIS8] angeführt ist. Eine Verknüpfung der UCS-Farbtafel mit der psychometrischen Helligkeitsfunktion L* führt auf diesen Farbenraum. Damit ergibt sich die Möglichkeit der farbmetrischen Darstellung von Farbabständen beliebiger Farben, denn die Unterscheidbarkeit von Farbpaaren hängt sowohl von Farbton- als auch von Leuchtdichteunterschieden ab. Die Koordinaten L*, u* und v* lassen sich folgendermaßen aus den Normfarbwerten berechnen:

$$L^* = 116 \cdot (Y/Y_w)^{1/3} - 16 \quad \text{für } 0{,}008856 < Y/Y_w < 1 \quad (3.4a)$$

$$L^* = 903{,}29 \cdot (Y/Y_w) \quad \text{für } 0 < Y/Y_w < 0{,}008856 \quad (3.4b)$$

$$u^* = 13 \cdot L^* \cdot (u' - u_w') \quad (3.4c)$$

$$v^* = 13 \cdot L^* \cdot (v' - v_w') \quad (3.4d)$$

Die Größen u_w' und v_w' geben die Farbart, Y_w die Leuchtdichte des Referenzweiß an.

Die Farbebene, die durch u^* und v^* dargestellt wird, ist orthogonal zur Helligkeitsachse L^*. Unterschiede zweier Farbpaare in der u^*-Dimension lassen qualitativ auf einen Rot-Grün-Unterschied schließen, Unterschiede in der v^*-Dimension auf einen Blau-Gelb-Unterschied.

Weiterhin können folgende Größen errechnet werden.

Die *psychometrische Buntheit* C^*_{uv} stellt die Entfernung der Farbe von Unbunt dar.

$$C^*_{uv} = \sqrt{u^{*2} + v^{*2}} \quad (3.5)$$

Die *psychometrische Sättigung* s_{uv} gibt den Abstand des Farbortes vom Unbuntpunkt in der Farbtafel an.

$$s_{uv} = C^*_{uv} / L^* \quad (3.6)$$

Der *uv-Buntton-Winkel* h_{uv} definiert den Buntton.

$$h_{uv} = \arctan (v^* / u^*) \quad (3.7)$$

Farbabstand zwischen zwei Farben.

$$\Delta E^*_{uv} = [(\Delta L^*)^2 + (\Delta u^*)^2 + (\Delta v^*)^2]^{1/2} \quad (3.8)$$

Diese Größen ermöglichen eine Angabe von Maßzahlen, die der empfindungsgemäßen Beurteilung von Farbeindrücken eher entspricht, als die Angabe dreidimensionaler Farbvalenzen [Lang95, Rich81, ENIS8].

Für eine tiefergehende Darstellung des CIELUV-Farbsystems siehe [Lang95, Rich81].

An dieser Stelle sei noch ein weiteres, im Screen-Design weit verbreitetes System, das HSV-Farbsystem, erwähnt. Farben werden durch Angabe von Farbton (**H**ue), Sättigung (**S**aturation) und Helligkeit (**V**alue) gekennzeichnet. Der Farbraum ist ein

Kegel. Der Farbton wird als Winkel im Farbkreis, Sättigung und Helligkeit jeweils als Prozentwerte angegeben. Das HSV-Modell ähnelt der menschlichen Art, Farben wahrzunehmen und wird daher häufig von Screen-Designern bevorzugt. Eine detaillierte Ausführung und Diskussion findet sich in [Fole96, Schn99].

Da die Kenntnis weiterer Farbsysteme nicht unbedingt notwendig ist für das Verständnis der Farbwiedergabe am Computer, wird auf deren Darlegung an dieser Stelle verzichtet. Für weiterführende Informationen siehe [Lang95, Rich81, Schl93].

3.3.2 Farbwiedergabe am Computer

Da die Farbwahrnehmung am Computer über einen Bildschirm geschieht, soll zunächst das Funktionsprinzip der Farbreproduktion der beiden geläufigsten Bildschirmtypen kurz erläutert werden. Am weitesten verbreitet in der Anwendung für Computer sind die Kathodenstrahlröhre und Flüssig-Kristall-Bildschirme, auch LCD (Liquid Crystal Display) genannt[22]. Weiterhin werden die verschiedenen Einstellungen des Monitors erläutert, die den Farbeindruck verändern können.

3.3.2.1 Funktionsprinzip der Farbreproduktion von Kathodenstrahlröhre und LCD

Die Bildwiedergabe an Monitoren erfolgt, unabhängig von der jeweiligen Funktionsweise, über einen zeilenweisen Bildaufbau, einzelne Bildpunkte oder Pixel erscheinen nacheinander auf dem Bildschirm. Aufgrund des geringen Betrachtungsabstandes bei Computermonitoren sollte die *(Voll-) Bildwiederholungsfrequenz* nach Möglichkeit mindestens 70 Hz betragen, da sonst das *Großflächenflimmern*[23] zu stark in Erscheinung tritt [Schm00]. Die tatsächliche Bildfrequenz variiert, ebenso wie die Bildauflösung, abhängig von der verwendeten Grafikkarte. Es lassen sich zwei Gruppen von Monitortypen benennen [Schm00]:

---

[22] Andere Bildschirmtypen arbeiten beispielweise mit Elektrolumineszenz (EL-Display) oder Gasentladung (Plasma-Display). Für weiterführende Informationen siehe [Schm00].

[23] Der Bildwechsel ist mit Dunkelpausen verbunden, was zu einem ständigen Wechsel zwischen Erregung und Hemmung der Neuronen führt. Dieser Wechsel wird als Flackern empfunden. Da dieses Flackern alle Bildpunkte betrifft, wird es als Großflächenflimmern bezeichnet [Schm00]. Die Wahrnehmung des Großflächenflimmerns hängt mit dem Abstand des Betrachters vom Monitor zusammen.

- Aktive Monitortypen emittieren selbst Licht. Hierzu zählt u.a. die Kathodenstrahlröhre.

- Passive Monitortypen arbeiten mit elektronisch gesteuerter Lichttransmission oder –reflexion. Das LCD ist dieser Gruppe zugehörig.

Die Farbreproduktion aller Bildschirmtypen funktioniert über die additive Mischung. Wie bereits erläutert, kann die additive Mischung von Farbreizen, d.h. deren Überlagerung, auf drei verschiedene Arten vonstatten gehen: gleichzeitige oder zeitlich aufeinanderfolgende Reizung der selben Netzhautstelle oder Reizung eng benachbarter Teile der Netzhaut. Da ein Bild, das über einen Monitor wiedergegeben wird, aus einzelnen Bildpunkten aufgebaut ist, muss jeder dieser „Bildpunkte die Farbvalenz darstellen, die dem Flächenelement zukommt" [Lang95]. Die Farbvalenz ergibt sich also aus der Überlagerung der drei Primärvalenzen des Bildschirmes. Sowohl bei der Kathodenstrahlröhre als auch bei LC-Displays wird diese Überlagerung durch räumlich verschachtelte Raster erreicht, es werden also eng beieinanderliegende Teile der Netzhaut gereizt. Jeder Bildpunkt besteht aus drei getrennt ansteuerbaren Pixeln, die jeweils Licht der Farben Rot, Grün oder Blau emittieren, also eine der drei Primärvalenzen wiedergeben. Diese drei Pixel werden *Farbtripel* genannt.

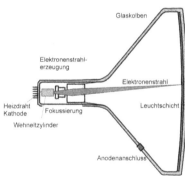

Abbildung 3.11: Kathodenstrahlröhre. Quelle: Eigene Darstellung in Anlehnung an [Schm00 S. 275].

Der Bildaufbau der Kathodenstrahlröhre erfolgt über einen gelenkten Elektronenstrahl, der beim Auftreffen auf der Leuchtschicht der Bildröhre die dort aufgetragenen Leuchtstoffe zur Lichtemission anregt. Diese Leuchtstoffe werden Phosphore genannt. Die horizontale und vertikale Ablenkung des Elektronenstrahles wird durch Magnetfelder bewirkt, welche mittels Spulen erzeugt werden. Die Intensität des Elektronenstrahls bestimmt die Stärke der Lichtemission und somit die vom Betrachter wahrgenommene Leuchtdichte. Die Intensität wird durch einen Spannungswechsel zwischen Kathode und Wehneltzylinder gesteuert (siehe Abb. 3.11) [Lang95 S. 203 ff, Schm00 S.275 ff].

Das Funktionsprinzip der Farbbildröhren basiert auf dem Einsatz von Dreistrahlröhren und einer Schatten- oder Lochmaske (Abb. 3.12), was zu den häufig verwendeten Bezeichnungen Schattenmasken- oder Lochmaskenröhren führt. Die drei Elektronenstrahlen werden zunächst gemeinsam abgelenkt und treffen auf die Schattenmaske. Jedem Farbtripel ist eine Öffnung der Maske zugeordnet. So treffen die Elektronenstrahlen immer nur einen Bildpunkt zugleich. Durch die Austrittsrichtung der Strahlen aus dem Wehneltzylinder wird bestimmt, welcher Phosphor von welchem der drei Elektronenstrahlen angeregt wird. [Lang95 S.204 ff, Schm00 S.278 ff].

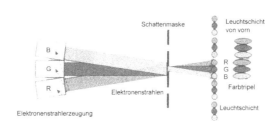

Abbildung 3.12: Schattenmaske. Quelle: [Schm00 S. 279].

Ein Vorteil der Kathodenstrahlröhre ist die Unabhängigkeit des Betrachtungswinkels, da die Lichtemission ungerichtet erfolgt. Nachteil sind Größe, Gewicht und der hohe Energiebedarf. Die Kathodenstrahlröhre dient daher zur Bildwiedergabe für statisch verwendete Computersysteme.

Die LC-Monitore gehören zur Klasse der Flachbildschirme und finden aufgrund der Größe und des geringen Energieverbrauchs zumeist Verwendung für mobile Computer (Laptops). Das Funktionsprinzip des LCD beruht, wie der Name schon sagt, auf sogenannten flüssigen Kristallen. Flüssige Kristalle sind Stoffe, die in einem

Temperaturbereich um 300 K [Schm00 S.292] zwar flüssig sind, aber dennoch Eigenschaften von Kristallen aufweisen. Die optischen Eigenschaften dieser flüssigen Kristalle werden durch die Zustände (Phasen) der länglichen Moleküle bestimmt, welche durch elektrische oder magnetische Felder beeinflusst werden können. Die Phase der Moleküle bestimmt deren Anordnung. Das wichtigste Funktionsprinzip für Farbmonitore beruht auf der Verwendung von *gedrillt nematischen* Flüssigkristallen (Twisted Nematic, TN). Die nematische Phase bezeichnet die längsgerichtete Anordnung nebeneinanderliegender Moleküle. „Die Flüssigkeit befindet sich zwischen zwei Glasplatten, die an ihrer Oberfläche eine feine Struktur enthalten (Alignment Layer), an denen sich die Moleküle ausrichten" [Schm00 S. 293]. Die mit einem Polarisator beschichteten Glasplatten werden gegeneinander gedreht (Abb. 3.13), was zur Folge hat, dass auch die Moleküle der Flüssigkristalle gegeneinander verdreht, also gedrillt sind. Durch Anlegen eines elektrischen Feldes kann die Drehung der Moleküle verändert werden. Zur Bildwiedergabe ist externes Hintergrundlicht erforderlich. Dieses Hintergrundlicht wird durch die erste Polarisationsebene linear polarisiert und je nach Stärke des angelegten elektrischen Feldes, welches die Ausrichtung der Moleküle beeinflusst, gedreht. Wird es entsprechend der zweiten Polarisationsebene gedreht, so kann das Licht austreten. Die Regulation der Leuchtdichte geschieht entweder über die Stärke des elektrischen Feldes oder durch schnelles Ein- und Ausschalten der einzeln ansteuerbaren Pixel [Lang95 S. 208 ff, Schm00 S.292 ff, Küpp92].

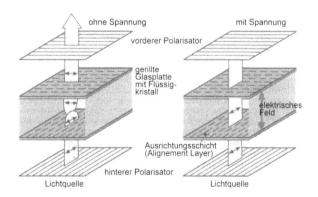

Abbildung 3.13: Twisted-Nematic LCD-Funktionsprinzip. Quelle: [Schm00 S.292].

Die Farbreproduktion mittels LCD erfolgt über den Einsatz von Farbfiltern, die auf der Innenseite der einen Glasplatte angebracht sind. Die Intensität der jeweiligen Primärvalenzen wird durch die Leuchtdichte des zugehörigen Pixels bestimmt. Die additive Mischung funktioniert über die gleichzeitige Ansteuerung der drei Pixel eines Farbtripels.

Aufgrund der gerichteten Lichtemission des Monitors muss zur korrekten Bild- und Farbwiedergabe ein optimaler Betrachtungswinkel eingehalten werden.

Da die Phosphore der Computer-Farbbildröhren und die Transmissionsfunktionen der Farbfilter in LC-Displays keiner festen Norm unterliegen, also keine einheitlichen Primärvalenzsysteme für Computermonitore existieren, können unterschiedliche Bildschirmmodelle unterschiedliche *Color Gamuts* aufweisen. Als Color Gamut oder *Farbartbereich* bezeichnet man die durch das verwendete Primärvalenzsystem definierte Farbpalette, die alle real ermischbaren Farben enthält. Unterschiedliche Farbartbereiche können zu unterschiedlicher Farbwiedergabe führen, da nicht alle Farbvalenzen in allen Primärvalenzsystemen durch innere Mischung darstellbar und somit technisch realisierbar sind. Zur Anpassung verschiedener Farbartbereiche gibt es verschiedene softwarebasierte Umrechnungsmodule, die Colormanagementsysteme (CMS).

Neben den unterschiedlichen Color Gamuts können auch Leuchtdichteunterschiede vorliegen, die den Farbeindruck beeinflussen.

3.3.2.2 Kalibrierung und Profilierung

Neben den bisher genannten Faktoren wird der Farbeindruck wesentlich auch durch die *Kalibrierung*, die hardwareseitigen Einstellungen des Monitors und die *Profilierung*, die softwareseitige Einstellung mittels standardisierter Farbprofile mitbestimmt (vgl. [Lang95, ICC, ECI]).

Um eine Vergleichbarkeit der Farbreproduktion zu gewährleisten, muss der Monitor nach folgenden Regelgrößen kalibriert werden: *Gamma, Farbtemperatur, Helligkeit* und *Kontrast.*

Der Gamma-Wert ist Exponent der Potenzfunktion, die den Zusammenhang zwischen dem Farbwert auf dem Bildschirm und dem anliegenden Farbwertsignal bestimmt. Diese Potenzfunktion wird als *Displaykennlinie* bezeichnet.

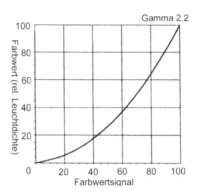

Abbildung 3.14: Displaykennlinie. Quelle: [Lang95 S.212].

Die Farbtemperatur der Farbe Weiß wird als Farbtemperatur eines Monitors bezeichnet. Optimal wäre hier eine Farbtemperatur entsprechend der Umgebungsbeleuchtung, was jedoch meist aufgrund der wechselnden Lichtverhältnisse nicht möglich ist. Ausgeglichen werden diese Beleuchtungswechsel zudem durch die Adaptionsfähigkeit des Auges. Als Standardeinstellung empfiehlt sich die Farbtemperatur der Normlichtart D65[24] (6500 Kelvin).

Mit der Helligkeitseinstellung wird die Grundhelligkeit des Monitors, also die Helligkeit von Schwarz verändert. Die Grundhelligkeit beeinflusst einen variablen Gleichspannungsanteil, der zu den Farbwertsignalen addiert wird. Die Helligkeitsveränderung des Monitors dient der Anpassung an die Umgebungsleuchtdichte.

Die Kontrasteinstellung wird über eine alleinige Veränderung der Maximalhelligkeit (Helligkeit von Weiß) des Monitors bewirkt. Da die minimale Helligkeit hierbei nicht verändert wird, ist eine Veränderung des Kontrastes die Folge. Zu geringe Helligkeitsunterschiede und damit auch geringe (Farb-) Kontraste beeinträchtigen die Deutlichkeit der Darstellung. Zu hohe (Farb-) Kontraste können zu einer sehr hart wirkenden Darstellung führen.

Bei der Profilierung werden von einer Profilierungssoftware verschiedene RGB-Werte am Monitor erzeugt und vermessen. In der Software definierte Referenzwerte, werden mit den gemessenen Gerätecharakteristika abgeglichen. Die standardisierten farbmetrischen Referenzsysteme des *ICC* (International Color Consortium, [ICC])

---

[24]   Entspricht Tageslicht

sollen hier, unabhängig von Plattformen und Wiedergabesystemen, eine gleich bleibende Farbqualität gewährleisten.

Die Einstellungen der Farbtiefe auf der Grafikkarte geben die Anzahl der möglichen darstellbaren Farben an. Bei 8-Bit-Systemen ist einem Pixel eine Speichergröße von 8 Bit zur Farbdarstellung zugewiesen, das bedeutet, es können 256 Farben dargestellt werden. Um Browser- und plattformabhängige Schwankungen abzuwenden, hat Netscape 40 nicht konsistente Farben aus der Palette eliminiert. Die übrigen 216 Farben gelten als „web- oder browsersicher" [Holz02 S.80]. Für die Farbgestaltung einer Webseite empfiehlt sich die Verwendung dieser websicheren Palette, da diese Farben plattformübergreifend nahezu[25] konsistent darstellbar sind [Holz02]. Um eine möglichst realistische Farbdarstellung zu erhalten, ist eine Mindestfarbtiefe von 24 Bit (True Color) empfehlenswert.

3.4 Ergonomie der Farbgestaltung im Webdesign

Mit der Verwendung von Farben im Webdesign können verschiedene Zwecke verfolgt werden. Die Vorteile einer ästhetischen Farbgestaltung werden in Abschnitt 2.2.3 diskutiert. Neben Auswirkungen auf die Einstellung und die Stimmung sowie einer „diffusen Aufmerksamkeitssteigerung" [Schr91 S. 96] durch Verwendung als stilistisches Mittel, kann Farbe „die visuelle und kognitive Informationsverarbeitung der Darstellung auf der Anzeige erhöhen" [ENIS8 S. 6] (s. auch [Laug01, Wand93]). Im Folgenden soll ein Überblick über die Möglichkeiten der Farbgestaltung als Mittel der Informationsvisualisierung gegeben werden.

Die Wahrnehmung einer Webseite basiert in der präattentiven Stufe der Reizverarbeitung, einem Stadium der automatischen Reizverarbeitung ohne gerichtete Aufmerksamkeit (vgl. [Gold97]), rein auf elementaren, visuellen Merkmalen; Navigationselemente u.a. werden erst im darauffolgenden Schritt realisiert (zu den einzelnen Phasen der Wahrnehmung und Interaktion mit Webseiten vgl. Abschnitt 4.3.3). Farbe zählt zu diesen visuellen Schlüsselreizen und unterstützt somit eine schnelle, automatische Strukturierung der Webseite [Laug01]. Weiterhin ist Farbe nach Wandmeier „ein wichtiges Moment der Binnengliederung" [Wand93],

---

[25]   Diese Palette gilt als websicher, neuere Untersuchungen haben jedoch gezeigt, dass sich auch hier noch Schwankungen ergeben können [Holz02].

das es nach dem Gestaltgesetz der Ähnlichkeit[26] ermöglicht, auch nicht benachbarte Objekte anhand von Farben zu gruppieren. Die Unterstützung der textlichen oder formalen Information (Text, Zahlen, Schaubilder etc.) durch „redundante Farbkodierung" [Wand93 S. 312] kann die Orientierung auf der Seite und die Lokalisierung bestimmter Elemente erheblich erleichtern (s. auch [Laug01, Schr91]). Jedoch kann „die falsche Benutzung von Farben [...] die Wahrnehmung von Informationen auf der Anzeige reduzieren" [ENIS8 S.8]. Schrader et al. [Schr91] liefern hierzu eine anschauliche Darstellung der Verwendung von Farbe zur Akzentuierung und Gliederung von Text, Zahlen, Schaubildern etc. Hierbei sind die ergonomischen Anforderungen an die Farbgestaltung auf Bildschirmoberflächen zu beachten. Eine Aufführung dieser Regeln folgt zu einem späteren Zeitpunkt in diesem Abschnitt.

Wird die Farbe nicht ausschließlich als redundantes Zielmerkmal verwendet, sondern dient als Informationsträger um Bedeutungen anzuzeigen, so spricht man von *Farbkodierung* [Wand93]. Die Semantik der Farben basiert auf den Assoziationen zu diesen, welche von der kulturell geprägten Farbsymbolik bestimmt wird [Holz02, Mort, Schr91]. Eine Darstellung unterschiedlicher Farbsymbolik in verschiedenen Kulturen erfolgt zu einem späteren Zeitpunkt (vgl. Abschnitt 3.5.3). Das Farbdesign einer Webseite als Träger von Bedeutungen kann als Farbkodierung im weitesten Sinne bezeichnet werden, da über die Farbe eine erste Einordnung der Webseite in einen Kontext vorgenommen wird. „Die Auswahl der Farben ist von entscheidender Bedeutung um die gewünschte emotionale Reaktion beim Besucher einer Webseite zu erzielen" [Holz02 S.154]. Jill Morton [Mort] gilt als eine der wenigen international anerkannten Experten auf dem Gebiet der Farbwissenschaft und Farbwirkung in den Medien. Sie verweist in diesem Zusammenhang auf eine unbedingte Berücksichtigung der Kultur (s. auch [Holz02, PeCu00]. Der Einfluss der semantischen Bedeutung von Farbkombinationen auf Wahrnehmung, Präferenz und kontextuale Einordnung einer Webseite soll innerhalb der Pilotstudie (vgl. Abschnitt 5) eingehend untersucht werden.

Aus den physiologischen und sinnespsychologischen Grundlagen der Farbwahrnehmung (vgl. Abschnitt 3.2) lassen sich einige Regeln für eine ergonomische Farbgestaltung auf Bildschirmoberflächen ableiten (vgl. [ENIS8, Shne01, Murch84, Wand93]). Einen guten Gesamtüberblick aller Regeln liefert

---

[26]   Das Gestaltgesetz der Ähnlichkeit besagt, dass ähnliche Elemente als zueinander gehörig wahrgenommen werden [Gold97].

Wandmacher [Wand93]. Die wichtigsten, die ausschlaggebend für die Deutlichkeit und Unterscheidbarkeit von Farbdarstellungen sind und aufgrund der physiologischen Grundlage international gültig sind, seien hier kurz aufgeführt:

- Kleine Abbildungen (< 2°) im Blau-Grün-Bereich des Spektrums sollten aufgrund der geringen Anzahl an blau-empfindlichen Zapfen vermieden werden [ENIS8]. „Blau eignet sich dagegen sehr gut als Hintergrundfarbe und als Farbe für periphere Objekte vor hellem Hintergrund" [Wand93 S.318].

- Für die Lesbarkeit gilt: „Blau (v' < 0,2) auf dunklem Untergrund darf nicht verwendet werden. [...] Rot (u' > 0,2) auf dunklem Untergrund sollte vermieden werden und darf nicht auf einem spektral extremen blauen
(v' < 0,2) Untergrund verwendet werden. [...] Spektral extremes Blau (v' < 0,2) darf nicht auf spektral extremen rotem (u' ≥ 0,4) Untergrund verwendet werden" [ENIS8 S.10].

- Die Kombination von spektral extremen Rot- und Blautönen kann einen Tiefeneffekt hervorrufen, was dazu führt, dass eine dieser Farben als näher wahrgenommen wird, als die andere Farbe. Die Verwendung dieser Farbkombinationen darf für Abbildungen, die ständig betrachtet oder gelesen werden müssen nicht verwendet werden [ENIS8, Wand93].

- „Farbpaare, die unterscheidbar sein sollen, müssen Werte von $\Delta E^*_{uv} >$ 20 aufweisen" [ENIS8 S.10]. Hierbei ist jedoch zu beachten, dass aufgrund der Konfiguration der spektralen Empfindlichkeit der drei Zapfentypen Farbtonunterschiede im Rot- und Purpurbereich schwerer zu erkennen sind, als im Gelb- und Blau-Bereich [Murch84].

- Für die Gleichmäßigkeit von Farbdarstellungen nicht benachbarter Elemente werden von der EN ISO folgende CIELUV-Werte angegeben:

Anzeigediagonale [mm] Sehabstand [mm]	Maximum Δ u' v'
> 0,75	0,02
≥ 0,75	0,03

Tabelle 3.2: Farbgleichmäßigkeit. Quelle [ENIS8 S. 9].

Dabei gibt die Größe ΔE^*_{uv} den Farbabstand an. Dies besitzt jedoch nur für unmittelbar benachbarte Farben Gültigkeit und wird daher für obige Berechnung (Tabelle 3.2) nicht verwendet [ENIS8].

Abschliessend sei an dieser Stelle angemerkt, dass wenn Benutzer Farben einer Bildschirmoberfläche selber wählen, dies zwar die ergonomische Qualität beeinträchtigen, aber dennoch dadurch eine Leistungssteigerung erreicht werden kann, da die Farben der subjektiven Präferenz des Nutzers entsprechen [Laug01]. „Sofern die Farbe vom Benutzer verändert werden kann, muss der Standard-Farbensatz, [im Sinne einer ergonomischen Darstellung], wiederabrufbar und wiederspeicherbar sein" [ENIS8 S.8].

3.5 Bewertung von Farbempfindungen

Für einen gezielten Einsatz von Farben im globalen Webdesign, der die Benutzbarkeit von Webseiten unterstützen soll, ist sowohl die ästhetische, als auch die psychologische und kulturelle Wirkung von Einzelfarben und Farbkombinationen zu berücksichtigen. Eine ästhetische Farbgestaltung führt nachweislich zu einer höheren Usability (vgl. Abschnitt 2.2.3).

Zunächst wird hier nun der Frage nachgegangen, was eine ästhetische Farbkombination ausmacht und welchen Einfluss Kultur auf die ästhetische Beurteilung von Farbkombinationen hat. Die ästhetische Bewertung von Farben und Farbkombinationen hängt nicht nur von der psychologischen Ästhetik ab, aus welcher sich die Farbharmonieforschung ableitet, sondern auch von der ästhetischen Präferenz. Daher soll weiterhin anhand einer Literaturrecherche untersucht werden, in wiefern sich ein Zusammenhang zwischen Farbpräferenz und Kultur herstellen lässt. Abschließend erfolgt eine Betrachtung der psychologischen und kulturellen Farbwirkungen in Bezug auf die Verwendung von Farben im globalen Webdesign.

3.5.1 Farbharmonieforschung

Die Erforschung ästhetischer Bewertung allgemein und die *Farbharmonieforschung* im Speziellen ist eines der ältesten Gebiete der experimentellen Psychologie. Ziel der Farbharmonieforschung ist die Voraussagbarkeit der ästhetischen Bewertung von

Farbkombinationen. Laut Brockhaus ist „Farbenharmonie […] die Bezeichnung für das Verhältnis von Farben, die zueinander in (subjektiv empfundenem) Einklang stehen" [Broc97]. Eine sehr umfassende und übersichtliche Zusammenfassung der wichtigsten theoretischen und empirischen Ansätze der Farbharmonieforschung aus den verschiedenen Disziplinen liefert Bettina Laugwitz [Laug01]. Zu den genannten Wissenschaftlern zählen u.a. die Künstler Itten [Itte83] und Renner [Renn47], die Mathematiker Birkhoff [Birk33] und Liedl [Lied94] sowie Rappoport [Rapp94] und Martindale & Moore [MaMo88]. Eine detaillierte Darlegung dieser Untersuchungen der Farbharmonieforschung kann man in Laugwitz finden (vgl. [Laug01]).

Die Wirkung von Farbkombinationen auf Benutzeroberflächen findet erst seit kurzem Beachtung auf dem Gebiet der Farbharmonieforschung. Allein Bettina Laugwitz' Untersuchungen über die Voraussagbarkeit der Ästhetik von Farbkombinationen beziehen sich bisher auf die Anwendung in Software-Benutzeroberflächen.

Basis der Studie ist Martindales' „Theory of cognitive hedonics" [Laug01 S. 126]. Die relevanten Grundzüge des Modells sollen im Folgenden kurz erläutert werden. Martindales Theorie ist ein physikalischer Ansatz zur Ästhetik, der davon ausgeht, dass die Wahrnehmung ästhetischer Objekte mit der Ausbreitung und dem Ausmaß der Aktivierung im kognitiven Netzwerk in Zusammenhang steht. Das Modell bezieht sich ausschließlich auf äußere Reize; Reize, die aufgrund ihrer inhaltlichen Bedeutung unmittelbar emotionale Prozesse auslösen, werden ausgeschlossen.

Martindale zufolge ist der kognitive Apparat des Menschen ein Netzwerk von verbundenen Knoten, auch kognitive Einheit genannt; „die Knoten […] repräsentieren alle möglichen (gelernten) Wahrnehmungs- und Gedankeninhalte" [Laug01 S.49], wobei diese jeweils mit bestimmten Reizen verknüpft sind. Die menschliche Wahrnehmung beruht auf der Aktivation kognitiver Einheiten, die dem entsprechenden Reiz zugeordnet sind. Der am stärksten aktivierte Knoten repräsentiert den Fokus der Aufmerksamkeit. Die Knoten sind in verschiedene Analyseeinheiten zusammengefasst, die jeweils für bestimmte Verarbeitungsschritte zuständig sind. Innerhalb der Analyseeinheit sind die kognitiven Einheiten in Schichten angeordnet. „Die Anordnung der Schichten folgt dem Prinzip der Ähnlichkeit: Einheiten, die ähnliche Reize […] repräsentieren, sind nahe beieinander; je unähnlicher, desto weiter voneinander entfernt" [Laug01 S.50]. Eine gleichzeitige Reizung nebeneinander angeordneter Einheiten hat eine Unterdrückung der Aktivität in benachbarten Knoten zur Folge, die sogenannte laterale Hemmung. Dieser

Vorgang funktioniert analog zum Mechanismus im sinnesphysiologischen Bereich (u.a. in der Netzhaut). Nach Martindale bestimmt das Ausmaß der Aktivation Lust oder Unlust. Im Folgenden wird die Anwendung des Modells auf die Wahrnehmung von harmonischen Farbkombinationen anhand der Untersuchung von Laugwitz dargestellt.

Neben der Erstellung von „Regeln für die Erzeugung ästhetisch ansprechender Farbkombinationen" [Laug01 S.57] prüft Laugwitz die Gültigkeit der Regeln in Bezug auf das Medium, welches zur Darstellung des Reizmaterials verwendet wird.

Ihrer Hypothese zufolge lösen ähnliche visuelle Reize aufgrund einer Reizung dicht beieinander liegender Knoten eine laterale Hemmung aus, die sich negativ auf die Aktivierung auswirkt und somit eine geringere ästhetische Bewertung zur Folge hat. Einfarbige Flächen hingegen bewirken keine Hemmung. Größere Unterschiede unter den Farben führen zu einer geringeren Hemmung, damit zu einer stärkeren Aktivierung, was wiederum zu einer positiveren Bewertung der Ästhetik führt (siehe Abb. 3.15). Hierbei muss jedoch auch das Prinzip der *Mannigfaltigkeit in der Einigkeit* berücksichtigt werden. Dieses Prinzip soll hier anhand der Aktivierung bestimmter Bereiche im kognitiven Netzwerk erläutert werden. Den Aufbau der Einheiten im kognitiven Netzwerk kann man sich, wie bereits oben erwähnt, als eine Schichtung von Einheiten verschiedener Funktionen vorstellen. Für die Verarbeitung von Farbreizen bedeutet dies, dass in der niederen Schicht die Farbeindrücke repräsentiert sind, in der nächst höher gelegenen Schicht hingegen werden die Farbbegriffe verarbeitet. Farbbegriff bedeutet die Einordnung der Farbe in eine bestimmte Klasse, beispielsweise Farben gleichen Farbtons, Sättigung oder Helligkeit. Es wird angenommen, dass die Klassifizierung, ähnlich den gängigen Farbsystemen, anhand der oben genannten Dimensionen stattfindet. Einigkeit in der Mannigfaltigkeit bedeutet für kognitive Prozesse eine möglichst unterschiedliche Aktivierung der unteren Einheiten. Das bedeutet möglichst große Unterschiede zwischen den Farben, jedoch nur für Farben aus der gleichen Farbklasse – was wiederum die Aktivierung nur eines einzigen Knotens aus der höheren Ebene zur Folge hat [Laug01].

Die Ausschnitte aus der Analyseeinheit (Abb. 3.15), in der die Verarbeitung von Farbreizen stattfindet, zeigen zum einen in der unteren Ebene die Einheiten, welche die Farbeindrücke repräsentieren und in der oberen Ebene die Einheiten, die der Verarbeitung des Farbbegriffes zugeordnet sind. Liegt kein Farbunterschied vor, kommt die Aktivierung der übergeordneten Einheit aus einem Knoten, so liegt keine laterale Hemmung vor, welche die Aktivierung und damit die ästhetische Bewertung herabsetzen könnte.

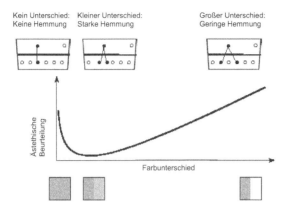

Abbildung 3.15: Illustration des Zusammenhangs zwischen Farbunterschied (hier: Helligkeitsunterschied zwischen den beiden Flächen in den Quadraten unter der Achse) und ästhetischer Bewertung der Farbkombination. Quelle: [Laug01 S.60].

Liegt ein geringer Unterschied der Farbeindrücke des selben Farbbegriffes vor, so stammt der Input der oberen Ebene aus zwei benachbarten Knoten. Die Mannigfaltigkeit ist zwar höher als vorher, der geringe Unterschied führt jedoch zu einer lateralen Hemmung, was die ästhetische Wahrnehmung beeinflusst. Im letzten Falle kommt der Input der Ebene des Farbbegriffes aus zwei weiterentfernten Knoten, die Farbeindrücke wurden als unterschiedlicher wahrgenommen, die laterale Hemmung nimmt ab, die ästhetische Beurteilung wird stärker, wird also als ästhetischer wahrgenommen. Eine höhere Bewertung der Ästhetik liegt jedoch nur dann vor, wenn die Farben der gleichen Farbklasse entstammen und somit eine Reizung der selben Einheit in der Ebene der Farbbegriffe auslösen.

In Einklang mit oben beschriebenem Modell nach Martindale steht die von Laugwitz gefundene geringere Attraktivität kleiner Sättigungs- und Farbtonunterschiede gegenüber einfarbigen Flächen. Die ästhetische Bewertung der Farbtonunterschiede ist jedoch nicht allein abhängig von der Relationen zwischen den Farben, sondern hängt auch von der Präferenz der Einzelfarben ab. Bezüglich der Helligkeit finden sich keine Hemmungseffekte bei kleinen Unterschieden, doch bewirken große Helligkeitsunterschiede eine positivere ästhetische Bewertung. Weiterhin fand

Laugwitz, dass sich über eine Kontraststeigerung mittels schwarzer und weißer Konturen die Attraktivität von Farbkombinationen erhöhen lässt.

Eine weitere Fragestellung des Experiments ist die Kulturabhängigkeit der Bewertung von Farbkombinationen. Es lassen sich keine Unterschiede in der ästhetischen Erfahrung bei der Wahrnehmung der Farbkombinationen erkennen. Die Begründung hierfür findet sich auch in der Theorie von Martindale, nach der die ästhetische Erfahrung mit dem Ausmaß der Aktivierung der Einheiten im kognitiven Netzwerk verknüpft ist. Dieser Prozess ist nach Laugwitz kulturell unabhängig. Jedoch gilt dies nur für die Relation der Farben zueinander, ohne Berücksichtigung des Farbtones. So ist beispielsweise eine höhere ästhetische Beurteilung von Farbkombinationen mit größeren Helligkeitsunterschieden unabhängig von der Kultur. Es konnten jedoch sehr wohl Unterschiede hinsichtlich der Farbpräferenzen festgestellt werden. Unterschiede in der Präferenz von Einzelfarben wirken sich nach Laugwitz wiederum auf die ästhetische Bewertung von Farbtonunterschieden aus. Eine genaue Darlegung der Unterschiede ästhetischer Präferenz von Farbtönen und Farbtonunterschieden liegt jedoch nicht vor.

Anwendung finden die Ergebnisse der Farbharmonieforschung in Büchern über harmonische Farbgestaltung, wie z.B. das „Color Harmony Workbook" [Colo00]. Die Bücher basieren auf verschiedenen Theorien der Farbharmonieforschung und sollen eine Hilfestellung zur Auswahl gefälliger Farbkombinationen geben, was insbesondere für Designer von großem Wert ist. Im „Color Harmony Workbook" ist für die einzelnen Farbkombinationen jeweils ein thematischer Bezug hergestellt, welcher die Assoziationen zu den Farben berücksichtigt. Kulturelle Unterschiede werden jedoch nicht berücksichtigt. Das Buch zeigt Farbkombinationen ausschließlich aus Sicht amerikanischer Kultur.

3.5.2 Farbpräferenz

Im Gegensatz zur Farbharmonieforschung finden sich bisher auf dem Gebiet der Erforschung der ästhetischen Bewertung von Farbpräferenzen ohne thematischen Bezug kaum aussagekräftige Untersuchungen. Eine umfangreiche Übersicht über ältere Arbeiten, die aufgrund der mangelnden Vergleichbarkeit der Methoden nicht als Basis für weitere Untersuchungen im Sinne der Fragestellung dieser Arbeit dienen können, liefert Erich Raab [Raab76]. Weiterhin gibt es nach meinem

Kenntnisstand bislang keine aussagekräftigen psychologischen Studien, die als Reizmaterial Farben verwenden, welche über einen Bildschirm dargeboten werden. Analog zu der ästhetischen Bewertung von Farbkombinationen spielen jedoch auch hier das Medium, auf dem das Reizmaterial dargeboten wird, und die Umgebung der Untersuchung eine große Rolle [Peri90].

Einige beachtenswerte, aber auch nicht unumstrittene Erkenntnisse zu Farbpräferenzen stammen von Heinrich Frieling [Frie88]. Er entwickelte einen Farbpräferenztest, den sogenannten *Frieling-Test*. Dieser Test wurde lange in der psychotherapeutischen Diagnostik verwendet. Einen ähnlichen Test erstellte auch Max Lüscher [Lüsc49]. Die Verwendung dieser beiden Präferenztests in der Psychotherapie beruhte auf der Annahme, das die Präferenz von Farben in Zusammenhang mit deren psychologischer Wirkung und Bedeutung steht [Lüsc49]. Die Frage nach der Wirksamkeit der Methode löste jedoch kontroverse Diskussionen aus; der Frieling- und der Lüscher-Test werden daher heute nur noch sehr selten eingesetzt.

Jedoch nimmt Frieling in seiner Arbeit auch Bezug auf eventuelle kulturelle Einflüsse hinsichtlich der Präferenz von Farben. Daher wird das Werk Frielings im Folgenden genauer beleuchtet. Der oben genannte Frieling-Test soll die jeweilige ‚Lieblingsfarbe' der Versuchsperson losgelöst vom Kontext der Anwendung ermitteln. Frieling nennt die Präferenzen von Farben ohne Bezug die „*innere Farbskala* des Menschen" [Frie88 S. 49]. Die *innere Farbskala* gibt laut Frieling Auskunft über die Bevorzugung oder Ablehnung bestimmter Werte und Interessen So gewinnen in der Regel bei europäischen Jugendlichen zeitgleich mit dem Erwachen der Triebaktivität die Farben Rot und Rotorange an Bedeutung [Frie88]. Welche Farben mit welchen Werten in Verbindung gebracht werden, wird durch die u.a. kulturell geprägten Assoziationen zu den Farben bestimmt (vgl. Abschnitt 3.5.3). Des weiteren konnten sowohl geschlechtliche Unterschiede, als auch altersbedingte Unterschiede hinsichtlich der *inneren Farbskala* von Heinrich Frieling festgestellt werden. Ferner konnte er regionale Abweichungen in den Farbvorlieben ermitteln, welche sich jedoch nicht an den Ländergrenzen orientieren, sondern sich eher auf bestimmte Gebiete und die dort lebende Bevölkerungsgruppe beziehen. Ausschlaggebend ist auch die Zugehörigkeit zu einer bestimmten gesellschaftlichen Schicht.

Allgemein ist es nicht möglich, absolute Aussagen über Farbpräferenzen zu treffen, da der Anwendungskontext mit berücksichtigt werden muss. Die *innere Farbskala* und die Präferenzen in der Farbgebung von Objekten stimmen nicht zwangsläufig überein. Vorlieben für Objektfarben sind zudem meist abhängig von Moden und unterliegen somit starken Schwankungen.

Zu kritisieren an der Untersuchung Frielings ist die unklare Kennzeichnung der Farben, die als „klar, hell und warm" bezeichnet werden. Auch werden keine Aussagen über die Sättigung der Farben getroffen. Dennoch lässt sich hieraus schließen, dass die Farbpräferenzen durch die Farbenwelten der eigenen Kultur, also auch durch Gewohnheiten und Traditionen, geprägt werden.

Einen Einblick in Farbenwelten und Farbkombinationen verschiedener Kulturen bietet Leslie Cabarga [Caba01]. Ausgehend von realen Beispielen des Farbdesigns der dargestellten Kulturen zeigt er, anhand von zahlreichen illustrierten Farbkombinationen, wie Farben in verschiedenen Ländern und Regionen eingesetzt und verwendet werden. Hierbei handelt es sich um Darstellungen von Objektfarben, d.h. die Farben sind mit einem inhaltlichen Bezug dargestellt. Über die dargestellten Farbenwelten der Kulturen lässt sich auch die kulturelle Prägung der Farbpräferenzen erschließen. Dieses Buch kann zur Orientierung für die Farbgestaltung globaler Webseiten dienen, soll jedoch nicht als allgemeingültiger Leitfaden verstanden werden.

3.5.3 Farbwirkung, Farbbedeutung und Farbsymbolik

Die Sinnesempfindung Farbe löst bei den Menschen subjektive Reaktionen aus, die sowohl auf physischer als auch auf psychischer Ebene stattfinden können. Reaktionen auf physischer Ebene (z.B. Steigerung der Puls- und Atemfrequenz in einem roten Umfeld) sind kulturell unabhängig. Für das Farbdesign einer Webseite jedoch interessieren in erster Linie die psychischen Wirkungen von Farben. Eine Erforschung des Zusammenhangs zwischen Farben und menschlicher Psyche ist ein ständiges Thema der Farbwissenschaft. Ein Teilgebiet der Farbpsychologie ist die Erforschung der Bedeutung und Symbolik von Farben. Dies soll im Folgenden in Form einer Literaturübersicht beleuchtet werden.

Die Symbolik von Farben wird im Brockhaus definiert als „vornehmlich im Kult und im volkstümlichen Brauchtum lebendige Bedeutung der Farben, die heute meist nur noch sinnbildlich verstanden wird. Die Sinngebung von Farben ist uneinheitlich in den verschiedenen Kulturen, z.T. auch in derselben" [Broc97]. Die mit den Farben assoziierten Bedeutungen beruhen unter anderem auf der Farbsymbolik.

Der erste, der sich ernsthaft mit der Wirkung und Bedeutung von Farben auseinandersetzte, war Johann Wolfgang von Goethe. Ausgangspunkt seiner „mystischen Deutung" (zitiert in [Sölc98 S.115]) von Farben ist sein Farbenkreis, den er als das Produkt zweier Farbpolaritäten Gelb und Blau entwickelte, die sich zu den Farben Rot oder Grün vereinigen (vgl. [Sölc98]). „[...] Und man wird sich kaum enthalten, wenn man sie unterwärts das Grün und oberwärts das Rot hervorbringen sieht, dort an die irdischen, hier an die himmlischen Ausgeburten der Elohim [der göttlichen Mächte] zu gedenken" (zitiert in [Sölc98 S.116]). Grün symbolisierte für ihn die Vereinigung irdischer, realer Pole, beispielsweise die Pole der positiven und negativen Elektrizität, Purpur hingegen die Vereinigung ideeller Gegensätze, die er nicht näher spezifizierte. Da die mystische Farbdeutung Goethes für den Einfluss der Farbsymbolik heutiger Kulturen auf die Wahrnehmung von Webseiten nicht von Bedeutung ist, wird auf weitere Ausführungen verzichtet (vgl.[Sölc98]).

Die Symbolik einer Farbe entsteht innerhalb einer Kultur u.a. aufgrund historischer, sozialer, mythischer, religiöser oder politischer Entwicklungen und Einflüsse. An diesem Punkt ist insbesondere Margarete Bruns [Brun01] anzuführen, die sich in ihrem Buch „Das Rätsel Farbe" ausführlich mit den Hintergründen der Farbsymbolik einzelner Farben beschäftigt (s. auch [Finl03, Ried99]). Die Symbolik von Farben ist jedoch nicht in allen Kulturen gleichrangig in ihrer Wichtigkeit. Die Macht der Farben wird in China beispielsweise stärker in die Gestaltung des Alltags mit einbezogen, als dies beispielsweise in Deutschland der Fall ist [Stad].

Eva Heller [Hell99] hat eine umfassende Studie zu Farbwirkungen und Assoziationen durchgeführt. Sie beschäftigt sich nicht in erster Linie mit der Entstehung von Farbsymbolik, sondern zeigt anschaulich die verschiedenen Bedeutungen einzelner Farben wie sie in Deutschland assoziiert werden, auf. Heller hat die verschiedenen Assoziationen zu allen „Farben mit psychologisch eigenständiger Wirkung" [Hell99 S.17] erfragt und Farbtafeln mit „bedeutungstypischen Farbklängen" [Hell99 S.17] von Eigenschaften und Gefühlen erstellt. „Farben mit psychologisch eigenständiger Wirkung" umfassen neben den so genannten Gegenfarben nach Heller auch „die oft ignorierten Mischfarben Orange, Rosa, Grau, Braun und die Metallfarben Gold und Silber" [Hell99 S.17]. Der Ausdruck Mischfarben ist in diesem Zusammenhang als ein Ausdruck der Farbempfindung zu verstehen, er stellt keine farbmetrisch korrekte Bezeichnung dar. Die Bezeichnungen der Farben stellen immer den Oberbegriff der verschiedenen Abstufungen verschiedener Bunttöne einer empfindungsgemäß zusammengehörigen Gruppe an Bunttönen dar, z.B. die Gruppe der Rottöne, Blautöne etc.

Abbildung 3.16 zeigt zwei von Hellers Farbtafeln, die mit gegensätzlichen Eigenschaften assoziiert werden. Für weitere Farbtafeln siehe [Hell99].

Die von Farben ausgelösten Gefühle sind immer gebunden an den Zusammenhang, in dem wir Farben wahrnehmen. „Der Kontext definiert die Farbwirkung" [Hell99 S. 13]. So denken wir bei einer grünen Erdbeere automatisch an Unreife, eine grüne Flagge wird jedoch häufig mit dem Islam in Verbindung gebracht, da Grün dort als heilige Farbe gilt und „Grundfarbe der Flaggen aller Staaten islamischen Glaubens" [Hell99 S.15] ist. Dies berücksichtigt Heller in einer ausführlichen, kontextbezogenen Darstellung der Wirkung einzelner Farben (vgl.[Hell99]).

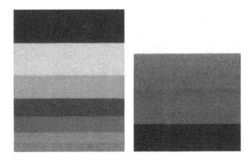

Abbildung 3.16: Das Unsachliche und das Sachliche. Quelle: [Hell99 S. 47ff].

Eine kurze und übersichtliche Darstellung der Assoziationen aus amerikanischer Sicht zu den gleichen Farben, wie sie Eva Heller benannt hat, liefert Molly Holzschlag [Holz01].

In einer Online-Umfrage über mehrere Jahre erforschte Jill Morton [Mort] kulturelle Unterschiede von Farbbedeutungen. Das Vorgehen von Morton unterschied sich hinsichtlich der Untersuchung von Heller durch eine gegensätzliche Methodik. Erfragte Heller Assoziationen zu gegebenen Farben so gibt Morton verschiedene Begriffe und Eigenschaften vor, denen eine oder teilweise auch zwei Farben aus einer umfangreichen Palette zugewiesen werden sollen. Die Ergebnisse der Studie lassen sich über die Webseite www.colormatters.com bestellen. In Tabelle 3.3 sind einige kulturell unterschiedlichen Assoziationen und symbolische Bedeutungen aufgeführt, die sich u.a. aus der Studie von Morton ergaben.

Auf die hier genannten Untersuchungen soll im Rahmen dieser Arbeit nicht näher eingegangen werden, da dies in bezug auf die Rolle der Farbsymbolik im Webdesign nicht weiter von Bedeutung ist. Auch wird auf eine ausführliche Erörterung einzelner Farben verzichtet. Für weiterführende Informationen sei auf die im Text angegebenen Literaturhinweise verwiesen.

Farbe / Kultur	Schwarz	Weiß	Rot	Grün	Blau	Gelb
Deutschland	Tod Trauer	Unschuld Reinheit Tugend	Ärger Liebe Feuer Gefahr	Hoffnung Sicherheit	Treue Männlichkeit Kälte Autorität	Eifersucht Vorsicht Feigheit Neid
Frankreich	Sorge Trunkenheit Eifersucht Pessimismus	Reinheit jung	Ärger Hitze Vergnügen Schüchternheit	Jugendlich Furcht	Ärger Furcht	Krankheit
Ägypten	Fruchtbarkeit Erneuerung	Freude	Tod	Kraft	Vertrauen Wahrheit Tugend	Glück Wohlstand
Japan		Trauer	Wut Gefahr	Zukunft Jugend Energie	Schurkerei	Gnade Adel
Brasilien	Trauer Tod Geheimnis	Friede Sauberkeit Reinheit	Wärme Hass Leidenschaft Gewalt	Hoffnung Freiheit Unreif Krankheit	Ruhe Kälte Gleichgültigkeit	Freude Sonne Glück Krankheit

Tabelle 3.3: Farbsymbolik nach Nationen – kulturspezifische Farbbedeutungen. Quelle: Eigene Darstellung in Anlehnung an [Mort, Stad].

Ein informatives Werkzeug für globales Farbdesign liefern Peterson & Cullen [Pe-Cu00] mit einer geographisch sortierten Aufstellung der Farbcodes verschiedener Länder und Regionen. Berücksichtigt werden hier sowohl die allgemeine Bedeutung von Farben in dem jeweiligen Land und die ästhetische Bewertung als auch Farbsymbolik und Farbbedeutungen in einem sozialen und historischen Kontext. Anhand zahlreicher Beispiele wird ein eindrückliches Bild der Verwendung von Farben in den verschiedenen Kulturen gezeichnet. Peterson & Cullen betonen jedoch, dass in der Welt der Farben aufgrund der Komplexität und Subjektivität des Themas keine allgemeingültigen Aussagen getroffen werden können. „Too many variables exist for any one-size-fits-all-answers" [PeCU00].

Farbe im Webdesign wird selten in ihrer traditionellen symbolischen Bedeutung verwendet, sondern wirkt aufgrund der Gesamtheit der verschiedenen Assoziationen. Eine Kenntnis der Assoziationen zu den einzelnen Farben hilft bei der Auswahl von Farben im Webdesign. Es ist jedoch zu beachten, dass sich die Deutung von Farben nicht allein über einzelne Farben erschließen lässt, denn „jede Farbe ist ambivalent (zwischenwertig) und in mancher Hinsicht auch polyvalent (vielwertig)" [Frie81 S.54]. Neben der Kombination der Farben wirkt sich auch die Qualität des Bunttons, also Sättigung und Helligkeit, auf die Wirkung der Farbe aus. „Man muss bei der Farbausdeutung auf Tiefe und Sättigung, Schattierung, Dissonanz und Harmonie achten" [Frie81 S. 50].

4 Einfluss von Kultur auf das Webdesign

Dieses Kapitel beinhaltet eine Betrachtung über den kulturellen Einfluss auf die Wahrnehmung und Gestaltung von Webseiten. Hierzu erfolgt zunächst eine Definition des Begriffes Kultur, wie er in Bezug auf das Webdesign verwendet wird. Die verschiedenen Dimensionen, welche Nutzerverhalten sowie Wahrnehmung und Gestaltung von Webseiten beeinflussen können, werden eingehend erläutert. Im Anschluss daran folgt eine Darstellung der durch die Kultur bedingten Unterschiede im Hinblick auf Wahrnehmung und Kognition. Diese Differenzen können zu Abweichungen in der Wahrnehmung von Webseiten führen. Der Frage wird nachgegangen, in wiefern sich diese kulturellen Unterschiede im Webdesign widerspiegeln. Ein Überblick über den derzeitigen Stand der Forschung und Diskussion auf dem Gebiet der Globalisierung von Webseiten zeigt Verschiedenheiten im Webdesign auf und erörtert, ob und warum die Berücksichtigung der Kultur bei der Gestaltung von Webseiten sinnvoll und notwendig ist.

4.1 Kulturbegriff

Der Begriff *Kultur* hat verschiedene Bedeutungen, die alle ihren Ursprung im lateinischen *„cultura – Pflege (des Körpers und Geistes), Landbau* und *cultum - bebauen, bewohnen; pflegen, ehren"* [Broc97] haben. „In seiner weitesten Verwendung kann mit dem Begriff Kultur alles bezeichnet werden, was der Mensch geschaffen hat, was also nicht naturgegeben ist." [Broc97]. Zwischen Natur und Kultur besteht eine gegensätzliche Beziehung. Auf der „Ebene sozialer Organisationsformen" [Broc97] findet sich dieser Gegensatz im Begriff der *Zivilisation*[27]. Im englischen, französischen und seit der zweiten Hälfte des 20. Jahrhunderts auch im deutschen Sprachraum gibt es im Bedeutungsumfeld der Begriffe *Kultur* und *Zivilisation* keine deutliche Abgrenzung. „In den meisten westlichen Sprachen bedeutet *Kultur* gemeinhin *Zivilisation* oder *Verfeinern des Geistes* und insbesondere die Ereignisse dieser Verfeinerung, wie Bildung, Kunst und Literatur" [Hofs93 S.18]. „In einem engeren Sinne bezeichnet Kultur die

---

[27] Zivilisation ist „der entwickelte Zusammenhang materiell-technischer und geistig-wissenschaftlicher sowie kultureller, religiöser und politischer Gebilde und der dazugehörigen Verhaltensmuster im Sinne der Kulturanthropologie" [Broc97]

Handlungsbereiche, in denen der Mensch auf Dauer angelegte und den kollektiven Sinnzusammenhang gestaltende Produkte, Produktionsformen, Verhaltensweisen und Leitvorstellungen hervorzubringen vermag" [Broc97]. Der Kulturbegriff betont also nicht nur, was von den Menschen geschaffen wird, sondern beinhaltet ebenso die Wertung des Geschaffenen aufgrund des „kollektiven Sinnzusammenhangs." Die in dieser Arbeit verwendete Definition von Kultur basiert auf der sozial- bzw. kulturanthropologischen[28] Bedeutung des Wortes. „In der Sozialanthropologie umfasst der Begriff *Kultur* [...] die [...] Denk-, Fühl- und Handlungsmuster", die der Mensch sein ganzes Leben lang erlernt hat [Hofs93 S.19]. Damit wird im folgenden die Bedeutung des Kulturbegriffs auf zwei Ebenen reduziert. Zum einen zählt hierzu die „Ebene der *individuellen* und *gruppenspezifischen Bildung*" [Broc97]. „Die Bildung des Individuums vollzieht sich nicht nur als Entwicklung und Prägung der emotionalen und sozialen Persönlichkeit (Sozialisation), sondern gleichermaßen als individuelle Übernahme von Normen und Werten der jeweiligen Kultur mit dem Ziel der Ausbildung einer eigenständigen kulturellen Identität[29]" [Broc97]. Die „Ebene der sozialen Beziehungen" [Broc97] ist als zweites anzuführen. „Kultur bezeichnet hier einerseits das Feld der individuellen sozialen Fähigkeiten (gute Umgangsformen, Kultiviertheit der Erscheinung, Höflichkeit), die zumeist schichtenspezifisch an bildungsbürgerlichen Vorstellungen ausgerichtet sind, andererseits das auf das politische Zusammenleben bezogene akzeptierte Verhalten" [Broc97]. Das bedeutet, Kultur ist angelernt, nicht ererbt. Hofstede [Hofs93, Hofs97] bezeichnet, unter Verwendung einer Analogie zur Programmierung von Computern, die Denk-, Fühl- und Handlungsmuster des Menschen als *„mentale Programme"* bzw. *„mentale Software"* [Hofs93 S.18]. Geprägt werden unsere mentalen Programme durch unser soziales Umfeld. Menschen, die im gleichen sozialen Umfeld leben und aufwachsen, entwickeln somit ähnliche Muster und Strukturen, sie teilen die gleiche Kultur. Kultur ist also ein kollektives Phänomen, „die kollektive Programmierung des Geistes, die die Mitglieder einer Gruppe oder Kategorie von Menschen von einer anderen unterscheidet" [Hofs93 S. 19]. Unter einer Gruppe versteht man eine Anzahl von

---

[28]   Die Sozial- oder Kulturanthropologie ist „eine der Soziologie und Völkerkunde nahe stehende Spezialwissenschaft" [Broc97]. In ihrer heutigen Bedeutung „umfasst die [...] Kulturanthropologie [...] die Beschreibung und den Vergleich verschiedener Kulturen als Sinnsysteme und Rahmen menschlichen Handelns" [Broc97].

[29]   Der Begriff der kulturellen Identität ist in seiner Verwendung sehr umstritten. Durch die Verbindung von *Identität*, die sich auf einzelne Personen bezieht, und *Kultur*, welche sich immer auf ein kollektives Phänomen bezieht, besteht die Gefahr einer unerwünschten Verallgemeinerung.

Menschen, die zueinander Kontakt haben, Mitglieder einer Kategorie sind Menschen, die etwas gemeinsam haben, aber nicht zwangsläufig miteinander in Kontakt stehen. Der kollektive Charakter von Kultur bedeutet jedoch nicht, dass sich die Handlungsweise von Menschen derselben Kultur nicht unterscheiden kann. Das Verhalten des Menschen wird nur zum Teil von seinen durch das soziale Umfeld geprägten mentalen Programmen bestimmt; jeder Mensch hat eine individuelle Persönlichkeit, die auf der erblich bedingten Veranlagung und auf erlernten Charakterzügen gründet. Diese erlernten Charakterzüge werden sowohl von dem kollektiven Einfluss der Kultur als auch über einzigartige persönliche Erfahrungen gestaltet. Doch lässt die Betrachtung der Kultur Rückschlüsse zu, welche Handlungen und Reaktionen in Anbetracht der persönlichen Vergangenheit wahrscheinlich und verständlich sind.

Zu vermeiden ist, den Begriff Kultur lediglich auf die Nationalkultur zu reduzieren, da fast jeder zu mehreren verschiedenen Gruppen zugehörig ist und durch sie geprägt ist. Hofstede nennt hierzu verschiedene Ebenen der Kultur, durch die jeder individuell geprägt wird [Hofs97 S.10]:

- Eine nationale Ebene, die sich auf das Land bzw. die Länder bezieht, in denen man aufgewachsen ist,

- eine regionale und/oder ethnische und/oder religiöse und/oder sprachliche Ebene, die aus der Zugehörigkeit zu bestimmten Subkulturen und Gruppen innerhalb des Landes entsteht,

- eine geschlechtsbedingte Ebene.

- eine Ebene der sozialen Schicht, welche u.a. die Bildungsmöglichkeiten bestimmt und in Zusammenhang mit der beruflichen Ausrichtung steht

- und eine firmenbezogene Ebene, die sich aus der Zugehörigkeit zu einer bestimmten Organisation oder Firma und deren Strukturen ergibt, durch die wir beeinflusst werden.

4.2 Kulturmodell nach Hofstede

Da sich diese Arbeit auf die globalen Differenzen der Gestaltung von Webseiten verschiedener Länder oder Nationen bezieht, werden in diesem Abschnitt anhand des von Hofstede erstellten Kulturmodells die Unterschiede auf der Ebene der nationalen Kultur dargelegt,

Hofstede ermittelte über eine Studie mit Mitarbeitern der Firma IBM aus verschiedenen Ländern fünf Dimensionen, anhand derer sich Unterschiede zwischen Kulturen klassifizieren und benennen lassen. Die Ausprägungen dieser fünf Dimensionen sind im Folgenden dargestellt:

Machtdistanz

Machtdistanz ist „the extent to which the less powerful members of institutions and organizaitons within a country expect and accept that power is distributed unequally" [Hos997 S. 28]. Sie beschreibt das Verhältnis zu Autoritäten.

- Hohe Machtdistanz: Es bestehen große Unterschiede zwischen der obersten und der untersten Gesellschaftsschicht. Zwischen Machtinhabern und Untergebenen herrscht ein deutliches Abhängigkeitsverhältnis.

- Niedrige Machtdistanz: Zwischen Machtinhabern und Untergebenen herrscht nur eine geringe Abhängigkeit, das Verhältnis ist durch eine geringe emotionale Distanz gekennzeichnet.

Individualismus vs. Kollektivismus

Individualismus bzw. Kollektivismus beschreiben das Verhalten und die Rolle des Individuums in der Gruppe.

- In einer individualistisch geprägten Kultur ist das Individuum das wichtigste Element der Gesellschaft. „Individualism pertains to societies in which the ties between individuals are loose: everyone is expected to look after himself or herself and his or her immediate family" [Hofs97 S.51]. Die eigenen Leistungen und die eigene Meinung sind von großer Bedeutung; Konflikte werden offen ausgetragen. Individualistische Kulturen pflegen eine Low-Kontext-Kommunikation, d.h. Informationen werden nur über das gesprochene Wort übertragen.

- In kollektivistischen Kulturen zählt in erster Linie die Loyalität zur Gruppe. Ein harmonisches Miteinander ist wichtiger als die eigene Meinung. „Collectivism [...] pertains to societies in which people from birth onwards are intergrated into strong, cohesive ingroups, which troughout people's lifetime continue to protect them in exchange for unquestioning loyalty" [Hofs97 S.51]. Die High-Kontext-Kommunikation ist ein Merkmal des Kollektivismus. Das gegenseitige Verständnis beruht nicht ausschließlich auf Worten sondern wird auch über mitschwingende Bedeutungen und Konnotationen erreicht, es ist quasi ein ‚blindes Verstehen'.

Maskulinität vs. Femininität

Die Unterscheidung zwischen einer maskulin oder feminin orientierten Kultur beruht auf der Frage, ob innerhalb der Kultur stereotype männliche oder weibliche Merkmale vorherrschen.

- Maskulinität kennzeichnet sich durch eine ausgeprägte Trennung der traditionellen Geschlechterrollen; „[...] social gender roles are clearly distinct" [Hofs97 S.82]. Materialismus, Durchsetzungsvermögen und ein aggressiver Kommunikationsstil sind Merkmale einer maskulinen Kultur.
- Femininität hingegen ist geprägt von einer Überlappung der Geschlechterrollen; „[...] social gender roles overlap i.e., both men and women are supposed to be modest, tender, and concerned with the quality of life" [Hofs97 S.82f]. Beziehungen und das Wohlbefinden anderer stehen im Mittelpunkt.

Unsicherheitsvermeidung

Das Maß der Unsicherheitsvermeidung gibt an, in wieweit Unsicherheit in einer Gesellschaft toleriert wird oder eine Bedrohung darstellt. „Uncertainty avoidance [...] [is] the extent to which the members of a culture feel threatened by uncertain or unknown situations" [Hofs97 S.113]. Eine ausgeprägte Unsicherheitsvermeidung erfordert deutliche schriftliche und mündliche Regeln, um eine größtmögliche Voraussagbarkeit zu erreichen.

Lang- vs. Kurzzeitorientierung

Die fünfte Dimension beruht auf den Lehren des Konfuzius. Der Sozialwissenschaftler Michael Bond bezeichnete diese Dimension als „Confucian dynamism" (zitiert in [Hofs97 S.164]). Sie beschäftigt sich mit der Suche nach der Tugend versus der Suche nach der Wahrheit; „Confucian dynamism, or [...] long-term versus short-term orientation, can be interpreted as dealing with a society's search for Virtue" [Hofs97 S.171].

Hauptmerkmale der Langzeitorientierung [Hofs97]:
- zukunftsorientiert
- Ausdauer/Beharrlichkeit
- Sparsamkeit, insbesondere in Bezug auf Ressourcen
- Wertschätzung der Tugend

Hauptmerkmale der Kurzzeitorientierung [Hofs97]:
- Respekt vor Traditionen
- Schnelle Lösungen und Ergebnisse werden erwartet
- Großer Druck, mit anderen Schritt zu halten, auch unter in Kaufnahme hoher Kosten
- Wertschätzung der Wahrheit

Natürlich treffen nicht immer alle Merkmale einer Dimension auf eine Kultur zu. Das Ausmaß der Zugehörigkeit zu einer Dimension wird jeweils numerisch anhand eines Indexes angegeben. Hofstede hat die jeweiligen kulturellen Ausprägungen aller untersuchten Kulturen den einzelnen Dimensionen zugeordnet. Grafische Darstellungen der Indizes aller Dimensionen finden sich in [Hofs97].

Eine Anwendung oben beschriebener Dimensionen auf die Gestaltung von Webseiten folgt zu einem späteren Zeitpunkt in Abschnitt 4.5.2.

Weitere Kulturforscher, die sich in ähnlicher Weise mit interkulturellen Unterschieden beschäftigen sind u.a. Edward T. Hall [Hall90] und Fons Trompenaars [Trom93].

4.3 Einfluss von Kultur auf Wahrnehmung und Kognition

Nach einer Darstellung kultureller Verhaltensunterschiede in Zusammenhang mit den Werten und Normen einer Kultur soll im Folgenden aufgezeigt werden, welchen Einfluss die Kultur auf die Wahrnehmung von Webseiten haben kann. Dazu erfolgt zunächst eine kurze Einführung in die physiologischen und kognitiven Prozesse der Wahrnehmung. Darauffolgend soll anhand einiger Studien der letzten Jahre beleuchtet werden, ob und in wiefern sich die Kultur auf grundlegende Prozesse der Wahrnehmung auswirken kann. Der Frage wird nachgegangen, wie sich diese kulturellen Unterschiede in kognitiven Prozessen und in der Wahrnehmung auf die Interaktion von Nutzer und Webseite auswirken können.

4.3.1 Was ist Wahrnehmung?

Wahrnehmung kann man sich „als einen aktiven, kontinuierlichen Prozess vorstellen" [Gold97]. Dieser Prozess wird durch eine Abfolge physiologischer und kognitiver[30] Prozesse bestimmt. Er beruht „auf einer Interaktion zwischen der Information, die die Rezeptoren stimuliert, und der Information, die aus unseren früheren Erfahrungen stammt" [Gold97]. Bei der Verarbeitung visueller Informationen werden folgende Schritte durchlaufen:

- Rezeptoren auf der *Retina* wandeln eingefallene Lichtstrahlen in bioelektrische Signale, so genannte Nervenimpulse, um (vgl. Abschnitt 3.2).
- Weiterleitung der Impulse über ein Netzwerk aus Zellen, die man als *Neuronen* bezeichnet. Die Neuronen des visuellen Systems leiten die Nervenimpulse aus dem Auge heraus über verschiedene Zwischenstufen zu den Seharealen des Gehirns.
- Interpretation der Impulse durch die Sehrinde[31]. Nun nehmen wir das Gesehene wahr.

---

[30]   Kognition: „Überbegriff für alle Prozesse, die mit dem Erkennen einer Situation zusammenhängen: Wahrnehmen, Erinnern, Beurteilen, Bewerten, Vermuten, Vorstellen, Erwarten" [Lexi95]. Kognitive Prozesse unterscheiden sich von emotionalen und volitiven Prozessen.
[31]   Die Sehrinde, oder auch der visuelle Kortex genannt, ist der Ort, an dem in der Folge optischer Reize die Farb- u. Lichtwahrnehmung zur bewussten Empfindung wird.

Die Interpretation der Impulse im Gehirn beruht auf bereits im Gedächtnis gespeichertem Wissen. Dies macht deutlich, „dass unser Wissen von unserer Welt im hohen Maße das bestimmt, was wir wahrnehmen, worauf wir unsere Aufmerksamkeit richten. Gleichzeitig ist die Wahrnehmung Voraussetzung für die Aneignung von Wissen" [Lexi95]. Der kognitionspsychologische[32] Untersuchungsansatz der Wahrnehmungsforschung beschäftigt sich mit der Frage, „wie die Wahrnehmung durch die Bedeutung eines Reizes und durch die Erwartungen des Probanden beeinflusst wird" [Gold97]. Ein Experiment von Bruner und Postmann aus dem Jahre 1949 (in [Gold97]) illustriert die Rolle des Vorwissens in der Wahrnehmung. Den Probanden wurden unter anderem Spielkarten wie in Abbildung 4.1 vorgelegt. Wenn der Farbton der Karten wie in der Abbildung nicht der üblichen Norm entsprach, benötigten die Probanden vier mal so lange, die Kartenfarbe[33] zu erkennen, als bei Karten mit dem richtigen Farbton. Wurden die Probanden über ihre Fehler aufgeklärt, achteten sie stärker darauf und machten weniger Fehler. Dieses Ergebnis zeigt, wie die unmittelbare Erfahrung die Wahrnehmung beeinflussen kann.

Abbildung 4.1: Spielkarten mit veränderter Farbe. Quelle: Eigene Darstellung.

Das einem Menschen eigene Wissen, dass die Wahrnehmung in starkem Maße mitbestimmt, wird von verschiedenen Faktoren geprägt. „Dieses Wissen ist [...] in

---

[32]   „Kognitionspsychologie ist ein Teilbereich der allgemeinen Psychologie, der psychische Prozesse als Prozesse der Informationsverarbeitung betrachtet und Verhalten durch mehr oder weniger komplexe Strukturen der Informationsverarbeitung und –speicherung erklärt" [Lexi95].
[33]   Kartenfarbe bezeichnet die 4 Farben Pik, Kreuz, Herz und Karo – im Gegensatz zu den bei Karten üblichen Farbtönen der Zeichen, Rot und Schwarz.

Abhängigkeit von unserer Kultur- Geistes- und Wirtschaftsgeschichte zu sehen, es wird uns durch unser Hineinwachsen in die Gesellschaft vermittelt." [Lexi95] Die Wahrnehmung unterliegt in hohem Maße Lernerfahrungen, Umwelt- und gesellschaftlichen Einflüssen, sie stellt keine biologische Gegebenheit dar, die bei allen Menschen identisch ist.

4.3.2 Kulturell bedingte Unterschiede in Wahrnehmung und Kognition

Lange Zeit bestritten „Kognitionsforscher den Einfluss der Kultur auf fundamentale Denkprozesse gänzlich" [Kühn03]. Viele Wissenschaftler nehmen heute noch an, diese verliefen bei allen Menschen gleich, Unterschiede bestünden lediglich in der Bewertung. Neuere Forschungsergebnisse lassen hieran jedoch Zweifel aufkommen. Im Folgenden sind zunächst die Ergebnisse einiger Studien dargelegt, die sich mit den Verschiedenheiten der Wahrnehmung zwischen asiatischen und westlichen Kulturen beschäftigen. Die ganzheitliche Philosophie und Weltansicht ostasiatischer Kulturen und die individualistisch orientierte Sicht westlicher Kulturen (vgl. Abschnitt 4.2) spiegelt sich laut Kitayama und Masuda & Nisbett [in Kühn03] und Kim & Markus [KiMa99] in der Art der Wahrnehmung wider. Kim & Markus untersuchten in erster Linie Unterschiede in der Präferenz von Darstellungen, die einheitlich oder uneinheitlich gruppierte geometrische Figuren zeigten. Die chinesischen Probanden bevorzugten mehrheitlich einheitliche, harmonische Darstellungen, wohingegen die amerikanischen Probanden vor allem diejenigen Figuren bevorzugten, welche aus der Einheit ausbrachen, also einzigartig waren. Zwei weitere Studien von Kim & Markus, konnten dieses Ergebnis bestätigen (vgl. [KiMa99].

Takahiko Masuda und Richard Nisbett von der University of Michigan (in [Kühn03]) konzentrierten sich in ihren Untersuchungen auf kognitive Prozesse der Reizverarbeitung. Sie präsentierten amerikanischen und japanischen Testpersonen auf einer Leinwand ein Aquarium mit verschieden großen Fischen. Die Japaner konnten bei der Befragung im Nachhinein das Gesamtbild und die Zusammenhänge zwischen den einzelnen Elementen des „Fischkinos" sehr gut erinnern; die amerikanischen Probanden hingegen konnten sich nicht an die Gesamtheit des präsentierten Bildes erinnern, waren aber mehrheitlich in der Lage, den größten Fisch detailliert zu beschreiben. Der Fokus der Aufmerksamkeit und die Fähigkeit zu erinnern entspricht der kulturellen Orientierung hinsichtlich Individualismus oder

Kollektivismus (vgl. Abschnitt 4.2). Somit zeigt sich, dass neben der Bewertung auch kognitive Prozesse durch die Kultur geprägt werden.

In einer weiteren Studie des Psychologen Shinobu Kitayama von der Universität Kyoto (in [Kühn03]) sollten japanische und amerikanische Probanden einen Strich in einem Quadrat aus dem Gedächtnis nachzeichnen – zunächst relativ zur Größe des Quadrates und darauf folgend in seiner absoluten Länge. Die Ergebnisse dieser Studie stehen in Einklang mit oben beschriebenem Zusammenhang zwischen kultureller Orientierung und kognitiven Prozessen. Die japanischen Probanden konnten die Größe des Striches in Relation zum Gesamtbild besser darstellen, wohingegen die amerikanischen Probanden die absolute Größe des Striches besser wiedergeben konnten (vgl. [Kühn03]).

Diese Studien zeigen einen Zusammenhang zwischen Kultur und visueller Wahrnehmung sowohl in Bezug auf Bewertung und Präferenz, als auch auf kognitive Prozesse.

Auch in Bezug auf Wahrnehmung von Farben werden unterschiedliche kognitive Leistungen vermutet, die in Zusammenhang mit der Kategorisierung der Farben durch Sprache stehen. Benjamin Lee Whorf prägte den Begriff des „sprachlichen Relativitätsprinzips" (zitiert in [Nage00 S.11]). Diese Theorie besagt, dass die Kategorisierung der Sprache als Filter für Wahrnehmung und Vorstellung realer Objekte dient. Eine empirische Überprüfung des Ansatzes durch die Psychologen Lenneberg & Roberts (in [Nage00]) verglich die Wahrnehmungs-, Behaltens-, und Wiedererkennungsleistung mit der Variation der Farbbezeichnungen in verschiedenen Sprachräumen. Es konnte ein Zusammenhang zwischen der Behaltens- und Wiedererkennungsleistung und der Varianz der sprachlichen Farbunterscheidung hergestellt werden. Menschen aus Kulturen mit einer geringeren Anzahl an Farbbezeichnungen und Farbunterscheidungen erkannten häufiger die Farben nicht wieder und verwechselten häufiger die Farbtöne. Die sprachliche Kennzeichnung eines Farbeindrucks erhöht die Behaltensleistung (vgl. [Nage00]).

4.3.3 Einfluss von Kultur auf die Interaktion mit Webseiten

Die Betrachtung eines von Ito und Nakakoji [ItNa96] erstellten Schemas, das in zwei Stufen darlegt, wie die Interaktion zwischen Mensch und Interface vonstatten geht, soll den Einfluss kultureller Unterschiede in der Wahrnehmung auf die Interaktion mit Webseiten verdeutlichen. Die zwei Stufen beziehen sich auf den Status der

Interaktion in dem sich der Nutzer befindet. Die erste Stufe, der „listening mode" [ItNa96] wird charakterisiert durch eine Präsentation der Stimuli über das Interface, der Nutzer befindet sich in einem Status der Beobachtung. Dies geschieht ohne eigenes Zutun des Nutzers. Die zweite Stufe, der „speaking mode" [ItNa96] bezieht sich auf den Status, in dem der Nutzer dem Interface Instruktionen erteilt.

Der listening mode kann wiederum in drei Phasen gegliedert werden: die *Phase der Wahrnehmung*, die *Phase der Assoziation* und die *Phase der Beurteilung*. In der *Phase der Wahrnehmung* werden dem Nutzer die einzelnen Komponenten des Interfaces gewahr. Nach Ito und Nakakoji hat die Kultur in dieser Phase keine Bedeutung. Doch schon hier kann, wie in Abschnitt 4.3.2 erläutert, eine kulturelle Beeinflussung auftreten. So erkennt aller Wahrscheinlichkeit nach ein Angehöriger einer holistisch oder kollektivistisch geprägten Kultur, beispielsweise ein Japaner, auf den ersten Blick die Gesamtzusammenhänge einer Webseite, wohingegen ein Angehöriger einer individualistischen Kultur, zum Beispiel aus Westeuropa oder Amerika, vermutlich als erstes der Einzelteile gewahr wird, insbesondere auffälliger Komponenten. In der Phase der Assoziation wird den einzelnen wahrgenommenen Komponenten eine Bedeutung zugeordnet. Hier spielt der kulturelle Hintergrund des Nutzers eine sehr große Rolle, da auf Webseiten semantische Mittel wie Sprache, Icons und Metaphern in hohem Maße verwendet werden. Auch der Farbe kann eine semantische Bedeutung zugeschrieben werden. Denotationen und Konnotationen dieser Elemente sind kulturell geprägt. In der letzten Phase des listening mode, der Phase der Beurteilung, ist der Einfluss von Kultur am größten. Während dieser Phase werden aufgrund logischer und/oder sozialer Normen und aufgrund des Vorwissens des Nutzers die einzelnen Elemente in einen Kontext gebracht. Dies kann sich sowohl auf das Verständnis als auch auf die Akzeptanz der Webseite auswirken (vgl. Abschnitt 4.4.1, Abb. 4.2, Abb. 4.3 und Abb. 4.4).

Auch der speaking mode kann seinerseits in 4 Phasen unterteilt werden: *Phase der Optionswahrnehmung*, *Phase der Eignungsüberprüfung*, *Ausführungsphase*, *Bestätigungsphase*. Im Zuge der Optionswahrnehmung realisiert der Nutzer, welche Handlungsmöglichkeiten bestehen. Der kulturelle Einfluss während dieser Phase resultiert aus den im listening mode bereits beschriebenen Auswirkungen. In der Phase der Eignungsüberprüfung kontrolliert der Nutzer, ob er durch seine Handlungsentscheidung das gewünschte Resultat erzielen wird. Der Einfluss der Kultur ist in dieser Phase, wie auch in der Ausführungsphase sehr gering. In der

Handlungsweise auftretende Differenzen zwischen Nutzern verschiedener Kulturen sind zumeist auf die bisher genannten kulturellen Verschiedenheiten während der vorangehenden Phasen zurückzuführen. Nach Ito und Nakakoji ist der kulturelle Effekt im speaking mode während der Bestätigungsphase am stärksten ausgeprägt, wenn der Nutzer überprüft, ob seine Erwartungen mit dem Ergebnis übereinstimmen. Stellt man hier nun einen Bezug zur Farbwahrnehmung der Webseite her, so kann in der Phase der Assoziation über Farbbedeutung und Farbsymbolik eine erste inhaltliche Zuordnung erfolgen, während in der Phase der Beurteilung überprüft wird, ob Inhalt der Seite und Farbgestaltung zusammen passen. Hier spielen kulturell geprägte Bedeutungen von Farben eine große Rolle (vgl. Abschnitt 3.5.3).

4.4 Webdesign in einer globalisierten Gesellschaft

"When a product is translated into a new culture it becomes a new product. Not only is the language new, but so are the users and their requirements of the products" [RuBo93]. Dieses Zitat zeigt deutlich die Notwendigkeit, interkulturelle Differenzen bei der Gestaltung von Webseiten im Sinne des ‚user centered design' zu berücksichtigen. Das Konzept, den Nutzer in den Mittelpunkt der Softwareentwicklung (hierzu zählt auch die Gestaltung von Webseiten) zu stellen, ist der Kernpunkt von Usability. In den vorangegangenen Kapiteln wurde deutlich gezeigt, welchen Einfluss die Kultur auf die Wahrnehmung hat. Auch wurde theoretisch dargelegt, dass sich Unterschiede in Wahrnehmung und Kognition auch auf die Interaktion mit Webseiten auswirken können. Die Erforschung und Entwicklung kulturell-kompetenter Webseiten ist erst seit ein paar Jahren vermehrt in den Mittelpunkt der Forschung gerückt; die Wichtigkeit kulturell-kompetenter Webseiten ist jedoch im Zuge einer immer stärker vorantreibenden Globalisierung nicht mehr von der Hand zu weisen. Im Folgenden soll der derzeitige Stand der Forschung im Bereich interkultureller HCI-Forschung dargelegt werden. Der Schwerpunkt der Forschung liegt in erster Linie auf der Untersuchung von Unterschieden in der visuellen Gestaltung. Die kulturellen Dimensionen von Hofstede zeigen allerdings deutliche Unterschiede in Kommunikations- und Verhaltensweisen zwischen Kulturen auf, welche sich auch in der inhaltlichen und strukturellen Gestaltung von Webseiten widerspiegeln. Anhand einiger aussagekräftiger Studien soll untersucht werden, welche Rolle die Farbgestaltung, als Teil des Gesamtlayouts, in Bezug auf interkulturelle Unterschiede spielt.

4.4.1 Kulturell begründete Unterschiede in Design und Layout

4.4.1.1 Globalisierung von Webseiten

Den Prozess der Gestaltung von Webseiten, angepasst an internationale und interkulturelle Anforderungen, nennt man *Globalisierung* von Webseiten. Die Globalisierung einer Webseite beinhaltet zwei Schritte, zunächst erfolgt die *Internationalisierung*, anschließend die *Lokalisierung* [RuBo93, CoLi01].

Internationalisierung bezieht sich auf die Isolation kulturspezifischer Eigenschaften und Merkmale. Eine genaue Erläuterung, welche Merkmale hier von Bedeutung sind erfolgt in Abschnitt 4.4.1.2 zum Thema Cultural Markers. Die Internationalisierung dient als Grundlage für die folgende Lokalisierung und ist in den Designprozess innerhalb des Herkunftslandes eingebunden.

Lokalisierung bezieht sich auf das Einbinden spezieller kultureller Komponenten in ein zuvor internationalisiertes Produkt. Hier liegt die eigentliche Anpassung der Webseite an eine Zielkultur.

Die Globalisierung kann man in zwei Ebenen unterteilen. In der Literatur werden hierfür unterschiedliche Bezeichnungen verwendet. So unterscheidet Sun zwischen „*surface level*" und „*cultural level*" [Sun01 S.95f], Yeo unterteilt zu globalisierende Elemente in „*overt factors*" und „*covert factors*" [Yeo96 S.4] und Ford & Gelderblom bezeichnen diese als „*objektive*" und „*subjektive kulturelle Aspekte*" [FoGe03]. Inhaltlich liegen keine Unterschiede vor. Im Folgenden werden die Bezeichnungen *offensichtliche* und *versteckte Komponenten* in Anlehnung an Yeo verwandt.

Als offensichtliche Komponenten werden für das *Verständnis* der Seite notwendige Elemente wie Text, Sprache, Zahlen, Währung, Datumsformat, Adressformat, Maßzahlen etc. benannt. Sehr häufig beschränkt sich die Globalisierung von Webseiten in der Praxis auf offensichtliche Komponenten.

Versteckte Komponenten spiegeln Werte und Normen sowie Eigenschaften einer Kultur wider (vgl. Abschnitt 4.2). Diese können Einfluss auf die *Akzeptanz* der Webseite haben und zur Unterstützung einer emotionalen Bedeutung dienen. Somit können diese Faktoren entscheidend Einfluss auf die in Abschnitt 2.2.2 erläuterte genießerische Qualität haben. Zu den versteckten Komponenten zählen ästhetische

Gestaltung, Bilder, Symbole, Icons, Logik, Kommunikationsstandards etc., wobei die Farbgestaltung sowohl der ästhetischen Gestaltung als auch der Symbolik zugeordnet werden kann. Diese zweite Ebene ist folglich für Akzeptanz und Usability einer kulturell kompetenten Webseite ebenso wichtig wie die erste, offensichtliche Ebene. Sun weist darauf hin, wie wichtig die Berücksichtigung auch weniger offensichtlicher kultureller Unterschiede ist: „To launch a local website successfully, subtle cultural nuances and cross-cultural communication issues must be attended to" [Sun01 S.96].

Auch Russo & Boor fordern in ihrem Paper zu Internationalen Interfaces „cultural awareness as an aspect of user awareness" [RuBo93 S.343]. Ihrer Meinung nach kann das Design einer ausschließlich anhand offensichtlicher Komponenten lokalisierten Webseite für die Zielkultur fremd erscheinen. Ebendiese Forderung nach der Berücksichtigung versteckter Komponenten wird in der aktuellen Diskussion zur Globalisierung von Webseiten auch von renommierten Usabilityexperten wie Aaron Marcus [Marc00], [Marc02], [Marc03] und Jakob Nielsen [Niels93] unterstützt. "Designing international user interfaces may or may not involve language translation, but it should certainly involve considerations of the special needs of other countries and cultures" [Niels93 S. 237].

Del Galdo und Nielsen [DeNi96] erweitern den Prozess Globalisierungsprozess noch um eine dritte Ebene. Diese dritte Ebene zielt auf Einbindung eines Kulturmodells (vgl. Abschnitt 4.2) schon während der inhaltlichen und strukturellen Planung ab. Dies dient dem Zweck, die gesamte Webseite an Arbeitsweise und Kommunikationsform der Zielkultur anzugleichen und sich nicht ausschließlich auf Design und Layout zu beschränken. Eine eingehende Betrachtung von Unterschieden in Struktur und Inhalt erfolgt in Abschnitt 4.4.2 .

4.4.1.2 Cultural Markers

Vor dem Prozess der Globalisierung müssen zunächst die Komponenten einer Webseite dargelegt werden, welche Verständnis und Akzeptanz einer Seite beeinflussen können. In einer umfassenden Untersuchung internationaler Webseiten identifizierten und erläuterten Barber & Badre [BaBa98] diejenigen Designelemente und Features von Webseiten, welche von der Kultur beeinflusst werden. Sie prägten für diese Elemente den Begriff *Cultural Markers*. „Cultural Markers are interface design elements and features that are prevalent, and possibly preferred, within a particular cultural group. Such markers signify a cultural affiliation" [BaBa98]. Vor der eigentlichen Untersuchung von Webseiten hinsichtlich des Designs wurde eine Kategorisierung von Hunderten von Webseiten nach Land, Genre und Sprache vorgenommen. Hieran anschließend erfolgte eine Untersuchung der Webseiten und die Identifizierung von Cultural Markers. Designelemente und Features, die innerhalb einer Kultur vorherrschend waren, in anderen Kulturen jedoch selten oder gar nicht auftraten, sowie Elemente, welche sich in ihrer Verwendung grundlegend unterschieden, wurden als Cultural Marker gekennzeichnet. In Tabelle 4.1 ist eine Liste der Cultural Markers aufgeführt, die sich aus dieser Untersuchung ergaben. Die von Barber & Badre identifizierten Kategorien der Cultural Marker werden spezifischen Elementen und Eigenschaften zugeordnet. So sind beispielsweise HTML-spezifische Elemente als eine Kategorie der Cultural Marker definiert. Zu dieser Kategorie gehört unter anderem die Textfarbe. Diese kann sich laut der Untersuchung von Barber & Badre aufgrund von Gewohnheit oder aufgrund symbolischer Bedeutungen auf Webseiten verschiedener Kulturen unterscheiden. Barber & Badre ermittelten insgesamt 15 Kategorien und erstellten eine Auflistung einzelner Elemente, die in diesen Kategorien aufgrund kultureller Unterschiede andersartig auftreten können. Es werden keine konkreten Aussagen darüber getroffen, wie Cultural Marker in verschiedenen Kulturen eingesetzt werden. Die in Tabelle 4.1 aufgeführte Liste stellt lediglich eine Orientierungshilfe zur Erarbeitung internationaler Webseiten dar, die aufzeigt, welche Designelemente möglicherweise die Usability beeinflussen können. Eine genaue Betrachtung und Evaluation von Zielkulturen ist weiterhin unabdingbar.

Als weiteres Ergebnis ihrer Studie fanden Barber & Badre einen Zusammenhang zwischen Cultural Markers und Genre[34] der Seite. Dies bedeutet, dass für einen Kulturvergleich von Webseiten hinsichtlich des Designs Kontext und Genre der Seite berücksichtigt werden müssen (Vgl. Abschnitt 5). Cultural Markers stellen Unterschiede und möglichen Präferenzen auf der Designebene von Webseiten verschiedener Kulturen dar. Tabelle 4.1 beinhaltet in erster Linie versteckte Komponenten. Die Anpassung an Sprache, Zahlen-, Datums- und Zeitformat, Währung, Maßzahlen etc., also an offensichtliche Komponenten (vgl. Abschnitt 4.4.1.1), wird vorausgesetzt und wurde in der Untersuchung nicht berücksichtigt.

---

[34] Das Genre einer Webseite bezieht sich auf die Information, die auf der Webseite dargeboten wird und umschließt eine Gruppe von Seiten der gleichen Kategorie, wie beispielsweise Nachrichten, Fernsehsender, Banken etc.

HTML-spezifische Elemente	Icons und Metaphern	Allgemeine Farben	Spezifische Farben	Art der Gruppierung
Anzahl der Zeilen	International	rot	Flaggen	symmetrisch
Anzahl der Blöcke	Lokal	blau	Grafiken	asymmetrisch
Anzahl der Links	Uhren	grün	Bilder	Abstand
Anzahl der internen Links	Zeitungen	violett	Abgrenzungen	Ausrichtung
Anzahl der externen Links	Bücher	rosa	Hintergrund	Grenzen
Linkfarbe	Seiten	schwarz		Einrahmung
Farbe besuchter Links	Home / Haus	gelb		Verbindung
horizontale Balken	Briefmarken	gold		
Tabellen	Briefumschläge	türkis		
Fett	Musiknoten	weiß		
Ku rsiv	Heftklammern	bunt		
Unterstreichungen	Reißzwecken			
Frames	andere			
Audio				
Video				
Hintergrundbilder				
Hintergrundfarbe				
Textfarbe				
Flaggen	**Sprache**	**Geographie**	**Orientierung der Seite**	**Sound**
national	national	Landkarten	zentriert	Musik
Fremd	fremd	Konturen	links-rechts	Stimmen
Verschiedene	Verschiedene	Globus / Erdball	rechts-links	
Font	**Links**	**Regionale Elemente**	**Umrandungen**	**Architektur**
kursiv	Farbe	Blätter / Laub	Quadrate	Staatsgebäude
Fett	Einbettung	Tiere	Kreise	Haus
Unterstrichen	allein stehend	Landschaft	Dreiecke	Kirche
Größe	intern extern	Wasser	Rechtecke	Büro
Schattierung		Wüste	gerade Linien	Stadtarchitektur
			gebogene Linien	

Tabelle 4.1: Cultural Markers. Quelle: [BaBa98].

Eine Berücksichtigung von Cultural Markers dient der Anpassung der Webseite an ästhetische und gestalterische Konventionen und Präferenzen, Zeichen, Metaphern, Symbolik, Logik und Traditionen. Sie kann dem Nutzer der Webseite ein vertrautes Gefühl vermitteln und die Akzeptanz der Seite erhöhen. Mit der Erhöhung der Akzeptanz kann eine größere Zufriedenheit und somit eine verstärkte Usability einhergehen. Barber & Badre bezeichnen dieses Zusammenspiel von Kultur und Usability als *Culturability,* um die Wichtigkeit des Zusammenhangs zwischen beiden Disziplinen zu unterstreichen.

Am Beispiel von zwei unterschiedlichen Darstellungen eines Papierkorbs bzw. Mülleimers soll der Einfluss der Cultural Markers verdeutlicht werden. Das von Apple in Amerika verwendete Bild eines Papierkorbes kann bei einem thailändischen Nutzer zu Irritationen oder gar zu Unverständnis führen, da ein Papierkorb in Thailand ein anderes Aussehen hat. Der Einsatz unterschiedlicher Bilder könnte Missverständnisse vermeiden.

Bild eines thailändischen Mülleimers   von Apple verwendete
Darstellung

Abbildung 4.2: unterschiedliche Darstellungen von Papierkörben auf Webseiten. Quelle: [RuBo93].

Farbgestaltung als Cultural Marker wirkt sich vermutlich in erster Linie auf die emotionale Einstellung des Nutzers gegenüber einer Webseite aus. Unterschiede in der Farbgestaltung werden von Barber & Badre nicht konkretisiert. Ihre Auflistung von Cultural Markers beinhaltet Farbe allgemein und im spezifischen Einsatz, z.B. bei der Verwendung von Nationalfarben, sowie Textfarbe und Linkfarbe. Es ist anzunehmen, dass die Farbgebung einer Webseite in erster Linie, über Assoziationen und Konnotationen, die mit den einzelnen Farben und den Farbkombinationen einhergehen, deren Emotionalisierung bewirkt. Ein gezielter Einsatz von Farbe kann die Visualisierung des inhaltlichen Kontextes einer Seite unterstützen. Vermutlich unterscheiden sich Bewertungen von Farben durch Nutzer in erster Linie aufgrund von Assoziationen und Symbolik (vgl. Abschnitt 3.5.3). Auch hinsichtlich der ästhetischen Präferenz können kulturelle Unterschiede vorliegen (vgl.

Abschnitt 3.5.2). Da jedoch Cultural Marker und somit die Farbgebung einer Webseite laut Barber & Badre auch an Inhalt und Kontext gebunden sind, können kulturell bedingte Präferenzen in der Farbgestaltung nicht isoliert betrachtet werden. Der inhaltliche Kontext ist stets zu berücksichtigen.

Möglicherweise finden sich Kulturunterschiede auch in Art und Umfang des Farbeinsatzes auf Webseiten. Beispielsweise ergab die Identifikation der Cultural Markers, dass brasilianische Seiten unabhängig von Inhalt und Kontext generell bunter und farbenfroher sind und selten eine vorherrschende Grundfarbe aufweisen. Anzumerken ist in diesem Zusammenhang, dass dies auf kulturelle Differenzen in Bedeutung und Wichtigkeit einzelner Cultural Markers hinweist.

Denkbar ist auch, dass kulturelle Unterschiede in Farbwahrnehmung und Farbcodierung Einfluss auf das Navigationsverhalten von Nutzern haben. Hierzu finden sich jedoch in der Untersuchung von Barber & Badre keine Angaben.

Ähnlich der Auflistung von Cultural Markers als Grundlage für spätere Richtlinien für die Gestaltung von internationalen Webseiten lieferten Russo & Boor schon Anfang der neunziger Jahre eine *interkulturelle Checkliste* [RuBo93], anhand derer sich Interface Designer orientieren können. Die Liste umfasst folgende 7 Kategorien – einschließlich sowohl offensichtlicher als auch versteckter Komponenten – die bei der Gestaltung internationaler Webseiten zu beachten sind:

- Text
- Zahlen-, Datums- und Zeitformat
- Bilder, Darstellungen
- Symbole
- Farben
- Ausrichtung der Seite, Leserichtung
- Funktionalität

Russo & Boor stellen die Wichtigkeit der Unterscheidung zwischen Verständlichkeit und Akzeptanz heraus. Denn nicht alles, was in einer Kultur verständlich ist wird auch akzeptiert. So fühlten sich ägyptische Frauen von unten stehender Darstellung einer Frau beim Frauenarzt herabgewürdigt, da die Frauen kein ägyptisches

Aussehen hatten und die Patientin zu viel Bein zeigte. Das Bild war Teil einer in Amerika erstellten Seite für ein ägyptisches Hygieneprogramm für Frauen.

Abbildung 4.3: amerikanische Darstellung einer Frau beim Frauenarzt. Quelle: [RuBo93].

Eine Anpassung der Darstellung an das Aussehen ägyptischer Frauen und an Normen der ägyptischen Kultur führte zu einer verbesserten Akzeptanz und erhöhten Zufriedenheit ägyptischer Nutzerinnen.

Abbildung 4.4: ägyptische Darstellung einer Frau beim Frauenarzt. Quelle: [RuBo93].

Barber & Badre und Russo & Boor gemeinsam ist die Ablehnung einer Erstellung internationaler Webseiten passend für alle Kulturen. Sie befürworten eine Lokalisierung von Webseiten unter Einbeziehung versteckter Komponenten, welche Wertvorstellungen und Normen einer Kultur widerspiegeln, erfordern jedoch eine genaue Beschäftigung mit der jeweiligen Zielkultur. Detaillierte Richtlinien für einzelne Kulturen liegen noch nicht vor. Die Weiterführung dieser Studien zielt auf einen expliziten Katalog der Cultural Markers für unterschiedliche Kulturen ab, auf den Designer sich bei der Erstellung von Webseiten für den internationalen Gebrauch stützen können. Allgemeingültige Regeln zu erstellen ist jedoch kaum möglich, dennoch können Richtlinien hilfreich sein, um Tabubrüche zu vermeiden.

Tabubrüche können sich auch über die Farbgestaltung ergeben. Hier muss die Farbsymbolik von Zielkulturen berücksichtigt werden. Beispielsweise symbolisiert Rot in Ägypten Tod und Trauer, jedoch würde Rot auf einer Webseite eines deutschen

Beerdigungsinstitutes als pietätlos gelten, da Rot in Deutschland eher mit Liebe, Kraft, Lebensfreude etc. assoziiert wird.

Nutzen und Bedeutsamkeit von Cultural Markers auf globalen Webseiten ist eine aktuelle Kernfrage der Forschung im Bereich der HCI. So untersuchten Sheppard & Scholtz [ShSc99] direkte Auswirkungen von Cultural Markers auf die Leistung. Ausgangspunkt der Studie war eine amerikanische Seite eines Automobilverkäufers, welche anhand der oben dargelegten Cultural Markers so modifiziert wurde, dass sie dem Äußeren nach einer Seite aus dem Mittleren Osten entsprach. Die Modifizierung umfasste eine Anpassung von Typographie, Farbgestaltung bezüglich Text- und Hintergrundfarben, erhöhte Text- und verminderte Bildkomplexität und Änderung der Seitenausrichtung entsprechend der arabischen Leserichtung. Zwei Gruppen von Versuchspersonen, Amerikaner und in Amerika lebende Einwanderer aus arabischen Ländern, bekamen verschiedene Aufgaben, die sie jeweils auf der Originalseite und auf der modifizierten Seite lösen mussten. Über eine Messung von Effizienz – in Form von Zeit und Anzahl an Klicks die zum Erreichen der Lösung notwendig waren – und Effektivität – erfolgreiche Lösung der Aufgabe – wurde die Leistung verglichen. Hierbei konnte ein Trend zu einer besseren Bearbeitung auf der Seite der eigenen Kultur festgestellt werden. Hinsichtlich der Präferenz konnten keine Unterschiede festgestellt werden. Gründe hierfür können zum einen in der Gestaltung der modifizierten Webseite liegen, die von den amerikanischen Studienleitern vorgenommen wurde, ohne die Meinung einer Person der arabischen Kultur einzuholen. Auch wurde zwar die Ausrichtung der Seite der arabischen Leserichtung angepasst, jedoch erfolgte keine Änderung der Sprache. Beide Versionen basierten auf der englischen Sprache. Zum anderen lebten die Versuchspersonen alle seit 4 oder mehr Jahren in den USA, was eine Beeinflussung der ästhetischen Präferenz als auch der Einschätzung der Usability zur Folge haben kann. Die Wahrnehmung der Einfachheit in Bezug auf Benutzbarkeit beruht laut Evers & Day [EvDa97] sowohl auf kulturellen Aspekten als auch auf Erfahrungen im Umgang mit Interfaces. Die arabischen Probanden der Studie gaben im Vorfeld alle an, das Netz täglich zu Informations- und Bildungszwecken zu nutzen. Dies lässt auf eine langjährige Erfahrung im Umgang mit amerikanischen Webseiten und somit eine Gewöhnung an amerikanische Usability- und Designstandards schließen.

Badre untersuchte als Fortführung der Identifizierung von Cultural Markers deren Einfluss auf Leistung und Präferenz [Badr00]. Ähnlich wie Sheppard & Scholtz erstellte er verschiedene kulturelle Versionen einer Webseite. Die Versionen unterschieden sich in der Farbgebung und enthielten unterschiedliche Grafiken, Hintergrundbilder und Icons zur Navigation. Text und Links waren bei allen Versionen identisch. Dies führt gegenüber der Studie von Sheppard & Scholtz zu einer besseren Vergleichbarkeit der Testseiten, da diese sich allein über Design und Layout unterschieden. Ob inhaltliche Präferenzen der Kulturen vorliegen wurde in dieser Studie nicht getestet. Die Untersuchung bezog sich ausschließlich auf gestalterische Unterschiede. Im Zuge seiner Studie führte Badre zwei Untersuchungen in unterschiedlichen Kulturkreisen – Italien und Amerika – durch. Kernfrage war jeweils, ob sich hinsichtlich Präferenz, Bearbeitung und Leistung Unterschiede zwischen den verschiedenen Versionen feststellen ließen. Leistung und Bearbeitung wurden analog der Studie von Sheppard & Scholtz über die Anzahl der Klicks gemessen, Zufriedenheit und Präferenz anhand eines Fragebogens ermittelt. Auch Badre ließ die Probanden Aufgaben lösen. Die Versuchspersonen waren durchweg Einheimische. Badre nahm eine Aufteilung in vergleichbare Versuchsgruppen vor. Diesen parallelisierten Gruppen wurden verschiedene Aufgaben gegeben. Die eine Versuchsgruppe sollte die Seite der eigenen Kultur bearbeiten, die andere Gruppe bearbeitete eine Variante der Seite mit fremdem Design. Die Durchführung der Studie mit den italienischen Probanden geschah unter Einbeziehung von nur zwei Versionen der Webseite, einer italienischen und einer amerikanischen. Die in Amerika gestartete Studie verglich ein italienisches, ein griechisches und zwei verschiedene US-Designs. Das zweite US-Design wurde im Anschluss an die Studie in Italien erstellt, da ein Widerspruch bezüglich der Hintergrundgestaltung der amerikanischen zur griechischen und italienischen Seite festgestellt wurde. Die beiden letzteren enthielten Darstellungen der heimischen Architektur, was jedoch bei der ursprünglichen amerikanischen Version nicht der Fall war.

Die Studienergebnisse bestätigen die Hypothese einer deutlich besseren Navigation und somit höheren Leistung auf der Seite, dessen Design der eigenen Kultur angepasst wurde. Dementsprechend konnte eine Vorliebe für Art, Aufbau und Design der „heimischen" Navigation ausgewiesen werden. Eine erhöhte Präferenz des der eigenen Kultur angepassten Hintergrunddesigns konnte nicht festgestellt werden. Lediglich bei der Beurteilung der Farbgestaltung wurden Differenzen bestätigt, die jedoch nur in der italienischen Studie zu Gunsten der eigenen Seite ausfielen. Die amerikanischen Nutzer fanden mehr Gefallen an Farbdesigns fremder Seiten. Dies ist möglicherweise darauf zurückzuführen, dass sich die Farbkombination der amerikanischen Seiten aus den Nationalfarben rot, blau und weiß zusammensetzte, wohingegen die italienische und die griechische Seite mit „dynamischeren" [Badr00], also insgesamt ansprechenderen, Farben versehen war, was möglicherweise auch von amerikanischen Nutzern positiv bewertet wird. Studien zu Farbpräferenzen auf Webseiten wurden bislang noch nicht durchgeführt, daher lassen sich hierzu keine konkreten Aussagen machen. Weder Badre noch Sheppard & Scholtz untersuchten Assoziationen, welche mit der visuellen Wahrnehmung einer Webseite einhergehen. Hier spielt insbesondere Farbe eine große Rolle, da sie eine Emotionalisierung und Kategorisierung des Interface bewirken kann. Die Auswahl der Farben beschränkte sich in beiden Untersuchungen lediglich auf die Kultur ohne den inhaltlichen Kontext der Seite zu berücksichtigen. Gerade in Bezug auf Assoziationen und Konnotationen von Farbkombinationen vermute ich, wie vorangehend bereits erwähnt, sehr starke interkulturelle Differenzen.

Anhaltspunkte, die auf eine verbesserte Navigation und Leistung durch den Einsatz von Cultural Markers hinweisen, sind hiermit gegeben. Studien, die sich explizit mit Designpräferenzen und daraus folgenden Auswirkungen auf die Akzeptanz von Interfaces beschäftigen, bestätigen eine positive Wirkung von Interfaces, deren Design kulturelle Präferenzen und Normen widerspiegelt. Die in Abschnitt 2.2.2 erfolgte Erörterung über den Einfluss einer ansprechenden Gestaltung auf die Stimmung, welche sich ihrerseits auf Leistung und Usability auswirkt, gibt Anlass zu der Vermutung, dass ein Design, welches sich an kulturellen Designcodes und – normen orientiert aufgrund einer verstärkten Akzeptanz des Designs die Befindlichkeit von Nutzern positiv beeinflusst und somit zu gesteigerter Usability beiträgt.

In Hinblick darauf untersuchte Sun, ob unterschiedliche kulturelle Merkmale auf Webseiten wahrgenommen werden und welchen Einfluss diese auf die Präferenz einer Seite haben [Sun01]. Seine Ergebnisse basieren auf subjektiven Eindrücken seiner Probanden, die aus drei verschiedenen Kulturkreisen stammten[35]. Grundlage seiner Untersuchung waren Webseiten zweier international agierender Softwarefirmen[36]. Er lies Vergleiche von drei realen Versionen dieser mehrsprachigen Webseiten anstellen: einer als global geltenden amerikanischen

---

[35]   Deutschland, China und Brasilien.
[36]   Lotus und Adobe.

Hauptseite, einer Version der eigenen Kultur und einer Version einer fremden Kultur. Seine Hypothese, dass Cultural Markers insbesondere hinsichtlich der Präferenz unterschiedlich wahrgenommen werden, konnte durch die Befragung bestätigt werden. Ferner stellte er fest, dass die Zufriedenheit der Nutzer durch den Einsatz vertrauter Cultural Marker deutlich gesteigert werden kann.

Seine Untersuchung stellte eine Verbindung zwischen dem Einsatz von Cultural Markers und einer der Dimensionen von Hofstede her. Der Kontext der Kommunikation (vgl. Abschnitt 4.2) einer Gesellschaft kann sich in der Präferenz des Layouts widerspiegeln. Entsprechend der Aussage von Barber & Badre [BaBa98] fand er eine Vorliebe der Brasilianer für bunte Seiten mit vielen Bildern. Die positive Beurteilung von Bildersprache und Abwesenheit von Text entspricht der brasilianischen High-Kontext-Kultur. Im Gegensatz hierzu bevorzugen deutsche Nutzer gut strukturierte und hierarchische Seiten, die der deutschen Low-Kontext-Kultur entsprechen.

Evers & Day [EvDa97] betrachteten den Einfluss von Designpräferenzen auf Wahrnehmung von Nutzen und Benutzbarkeit und somit auf die Zufriedenheit. Die Studie umfasste neben den genannten subjektiven Faktoren auch eine Untersuchung, ob sich eine Berücksichtigung der Kultur im Webdesign auf das Nutzerverhalten auswirken kann. Ziel der Studie war die Definition spezifischer Designpräferenzen für australische und asiatische Nutzer.

4.4.2 Kulturell begründete Unterschiede in Struktur und Inhalt

Die Dimensionen von Hofstede (vgl. Abschnitt 4.2) beschreiben unterschiedliche Formen von Kommunikation und begründen Unterschiede in Arbeitsweise und Verhalten von Kulturen. Ein Vergleich von Webseiten anhand des Kulturmodells von Hofstede zeigt, in wiefern sich diese Unterschiede auch in Inhalt und Struktur von Webseiten dartun. Eine solche kulturvergleichende Studie verfassten Gould et al. [Goul00] unter Einbeziehung malaysischer und amerikanischer Webseiten. Voraussetzung für einen Vergleich ist die Auswahl von Seiten des selben Genres. Gould et al. wählten jeweils zwei Webseiten aus drei verschiedenen Genres: Seiten von Zugunternehmen, Bildungsinstituten und Buchhandlungen. Sie konnten durchgängig starke Unterschiede in der inhaltlichen Ausrichtung feststellen, die mit Hilfe der kulturellen Dimensionen erklärt werden können. Zusätzlich finden sich, entsprechend der Ausführungen in Abschnitt 4.4.1, Unterschiede auch in Design und

Layout. Inhalte und Struktur malaysischer Seiten reflektieren eine ausgeprägte Machtdistanz, Kollektivismus und eine Neigung zur Bildung diffuser Beziehungen. Folgende Hauptmerkmale wurden von Gould et al. aufgezeigt:

- Der Schwerpunkt der Seiten liegt auf einer Betonung hierarchischer Strukturen über eine ausführliche Darstellung leitender Mitarbeiter und Befehlsketten der Unternehmen und Institutionen und über eine Darlegung und Verdeutlichung von Regeln und Gesetzen; Logos, Namen und Titel werden stark hervorgehoben.
- Ziele oder Wünsche des Einzelnen finden auf den Seiten kaum Berücksichtigung.
- Die Seiten fokussieren die Bildung von Vertrauen und zielen auf den Aufbau einer Beziehung zwischen Nutzer und Organisation ab. Dies geschieht über eine Vielzahl an Informationen über soziale und gesellschaftliche Ziele derselben.
- Die Seiten sind nicht handlungs- und nutzerorientiert sondern in erster Linie informativ. Die Buchhandlung beispielsweise präsentiert weniger die Produkte sondern vielmehr Qualität der Beziehungen.
- Der Sprachstil ist höflich und distanziert, eine direkte Kunden- bzw. Nutzeransprache wird vermieden.

Amerikanischen Seiten vermitteln im Gegensatz zu malaysischen Seiten eine niedrige Machtdistanz, individualistische Gesellschaftsstrukturen und spezifische Beziehungsbildung. Diese drücken sich laut Gould et al. in folgenden Merkmalen aus:

- Eine Fokussierung auf den Nutzer und seine Bedürfnisse ist oberstes Ziel, eine Darstellung von Eigenschaften der Organisation tritt in den Hintergrund. Amerikanische Webseiten dienen nicht vorrangig der Imagebildung, sondern sind handlungs- und ergebnisorientiert. Hauptaugenmerk ist die Möglichkeit, schnell Resultate zu erzielen. Beispielsweise finden sich auf der Bahnseite viele Hilfestellungen für den Erwerb eines Tickets.

- Der Anteil an Informationen über soziales und gesellschaftliches Engagement der Organisation ist gering, materielle Werte hingegen werden betont.

- Möglichkeiten und Vorteile, die sich für den einzelnen Nutzer bei der Zusammenarbeit mit der Organisation ergeben, werden dargestellt und hervorgehoben.

- Der Nutzen des Produktes wird durch den Einsatz von Bildern beispielsweise von Menschen in Erfolgsposen verdeutlicht.

- Die Produktqualität ist wichtiger als eine gute Geschäftsbeziehung.

- Der Sprachstil enthält direkte Anreden und ist stark handlungsorientiert.

Diese Untersuchung zeigt deutlich, wie sich die inhaltliche Ausrichtung von Webseiten unterscheiden kann. Durch Auswahl von Webseiten aus lediglich zwei Ländern ist die generelle Aussagekraft jedoch relativ gering. Weitere Untersuchungen von Seiten anderer Länder und Kulturen sind notwendig, um zu einem allgemeingültigen Katalog von Merkmalen zu gelangen.

Auch Aaron Marcus [Marc00] wendete das Kulturmodell von Hofstede auf Webseiten an. Im Gegensatz zu Gould et al. verglich er jedoch nicht Webseiten zweier Länder miteinander, sondern bestimmte als Ausgangspunkt seiner Studie die einzelnen Dimensionen. Er wählte als Vergleichsobjekte Webseiten aus den Ländern, die von Hofstede in der zu untersuchenden Dimension jeweils am höchsten und am niedrigsten und eingestuft worden waren und zusätzlich jeweils Seiten aus einem Land aus dem mittleren Bereich. So erstellte er für jede der fünf Dimensionen eine Liste an Merkmalen im Webdesign, die durch die kulturelle Ausrichtung beeinflusst werden können. Nachstehend erfolgt eine Auflistung dieser Merkmale nach Marcus [Marc00]:

Hohe vs. niedrige Machtdistanz

- sehr stark strukturierte vs. schwach strukturierte Navigation und Zugang zu Informationen.

- steile vs. flache Hierarchien der mentalen Modelle.

- Ausgeprägte/häufige vs. unbedeutende/seltene Betonung sozialer Ordnung und moralischer Werte.

- Schwache vs. starke Konzentration auf Fachwissen, Autorität, Zertifikate, offizielle Logos.

- Im Mittelpunkt stehen Führungspersönlichkeiten vs. Bürger, Kunden, Mitarbeiter.

- Sicherheit und Zugangsbeschränkungen: vorbestimmt, viele Nutzungsbeschränkungen vs. Integration des Nutzers, freie Wahl der Art der Nutzung.

- Starke vs. schwache Betonung sozialer Rollen durch Zugriffsrechte.

Individualismus vs. Kollektivismus

- Motivation durch Hervorheben personenbezogener vs. gruppenbezogener Erfolge.

- Darstellung von Erfolgen durch Erreichen materialistischer und konsumorientierter vs. sozialpolitischer Ziele.

- Rhetorik ist kontrovers, argumentativ und enthält radikale Standpunkte vs. zurückhaltende Redewendungen und offizielle Schlagworte.

- Bevorzugung von Jugend und Aktivität vs. Alter, Erfahrung und Weisheit.

- Hervorhebung des Einzelnen vs. Gruppendarstellungen.

- Unterschiede moralischer Werte: Betonung der Wahrheit vs. Beziehungen.

- Betonung von Veränderungen: neu und einzigartig vs. Tradition und Geschichte.

Maskulinität vs. Femininität

(1)   Merkmale auf Webseiten maskuliner Kulturen

- Traditionelle Unterscheidung von Geschlechterrollen und Respekt vor dem Alter.

- Erfolgsorientierte Seitengestaltung.

- Navigation ausgerichtet auf Kontrolle.

- Aufmerksamkeitserregung durch Spiele, Wettkämpfe und Konkurrenzbildung.

- Grafik und Layout untersteht in erster Linie dem Nutzen.

(2)   Merkmale auf Webseiten femininer Kulturen

- Geschlechterrollen verlieren an Bedeutung
- Gegenseitige Unterstützung durch Hilfeforen im Gegensatz zur Konkurrenzbildung maskuliner Webseiten.
- Aufmerksamkeitserregung durch visuelle Ästhetik.

Unsicherheitsvermeidung

(1)   Merkmale auf Webseiten von Kulturen mit hoher Unsicherheitsvermeidung

- Usability hat einen hohen Stellenwert.
- Einfache Strukturen mit deutlichen Metaphern, begrenzten Wahlmöglichkeiten und geringen Datenmengen.
- Versuche, dem Nutzer schon vor dem Ausführen von Aktionen Ergebnisse oder Auswirkungen seiner Handlung aufzuzeigen (z.B. über kommentierte Links).
- Einsatz mentaler Modelle und Hilfesysteme um Fehler seitens der Nutzer zu reduzieren.
- Redundante Hinweise in Form von Farbkodierung, Sounds, Typographie etc. um die Struktur der Seite zu verdeutlichen.

(2)   Merkmale auf Webseiten von Kulturen mit niedriger Unsicherheitsvermeidung

- Komplexe Seiten mit maximalem Informationsgehalt und vielen Wahlmöglichkeiten (gutes Beispiel sind die für deutsche Nutzer überladen wirkenden amerikanischen Webseiten).
- Akzeptanz (und sogar Ermutigung) einer Erforschung der Seite, die nicht in erster Linie zielorientiert ist, Vermeidung von übermäßiger Sicherheit.
- Geringe Kontrolle der Navigation; Links öffnen beispielsweise neue Fenster, die von der ursprünglichen Seite wegführen.
- Mentale Modelle und Hilfesysteme unterstützen eher Verständnis des Grundkonzeptes der Seite als Hilfestellung bei der Bearbeitung von Aufgaben zu liefern.
- Farbkodierung, Sounds und Typographie dienen zur Maximierung von Informationen.

Lang- vs. Kurzzeitorientierung

- Inhaltlicher Schwerpunkt liegt auf Praxis und praktischen Werten vs. Wahrheit und Glaubwürdigkeit.
- Beziehungen vs. Regeln werden als Quelle von Information und Glaubwürdigkeit angesehen.
- Das Erreichen von Zielen und Ergebnissen erfordert Geduld vs. Wunsch nach schnellen Ergebnissen.

Die Untersuchung zeigt, dass sich inhaltliche und strukturelle Unterschiede auf Webseiten verschiedener Kulturen über die Dimensionen erklären lassen. Das bedeutet, dass Kultur einen großen Einfluss auch auf Inhalt und Struktur hat, und sich nicht ausschließlich in der Verwendung von Cultural Markers auf Webseiten widerspiegelt. Weiterhin wird offengelegt, dass der Stellenwert von Usability und Ästhetik nicht in allen Kulturen gleichzusetzen ist. So wird vermutlich in einem Land mit ausgeprägter Unsicherheitsvermeidung mit der Tendenz zur Low-Kontext-Kommunikation sehr viel Wert auf eine Seite mit hohem Usabilitystandard gelegt, wohingegen ein Nutzer einer High-Kontext-Kultur mit geringer Unsicherheitsvermeidung größeren Wert auf Ästhetik und Design legen mag[37]. Auch die Bedeutung der Farbe und deren Zweck kann sich interkulturell unterscheiden. So dient sie beispielsweise in Kulturen mit hoher Unsicherheitsvermeidung in erster Linie einer redundanten Farbkodierung, bei einer geringen Unsicherheitsvermeidung hingegen wird sie häufig zur Informationsmaximierung eingesetzt. Die inhaltlichen Unterschiede weisen darauf hin, dass auch Nutzungsgewohnheiten und Intentionen der Internetnutzung kulturell geprägt werden. Eine genauere Betrachtung, ob und in wiefern Kultur Einfluss auf Nutzungsgewohnheiten und Nutzungsintentionen nimmt, folgt zu einem späteren Zeitpunkt anhand der Studie von Chau et al. [Chau02].

Natürlich sind vorangehend aufgeführte Kriterien keine absoluten Standards, geben jedoch Hilfestellung bei der Konzeptionierung und Gestaltung von Webseiten für verschiedene Kulturen. Hierbei ist zu berücksichtigen, dass die Dimensionen in den Kulturen in der Regel unterschiedlich stark ausgeprägt sind und diese selten einem Extrem zugeordnet werden können. Um eine Klischeebildung zu vermeiden ist obige Auflistung vor allem als Leitfaden zur tendenziellen Ausrichtung von Webseiten für bestimmte Kulturgruppen zu sehen. Auch innerhalb der Ländergrenzen gibt es, wie

---

[37] Dies entspricht den Studienergebnissen von Sun [Sun01], (vgl. Abschnitt 4.4.1).

bereits erwähnt, verschiedene kulturelle Gruppierungen und Subkulturen, die sich in ihren Normen und Werten unterscheiden.

Nur wenige Studien der letzten Jahre haben sich mit der Frage beschäftigt, in wiefern sich die Berücksichtigung kultureller Eigenheiten bei der strukturellen und inhaltlichen Gestaltung von Webseiten auf Bearbeitung und Leistung und auf die Zufriedenheit von Nutzern auswirkt.

So führt Aaron Marcus in einer Abhandlung zu „User-Interface Design and China" [Marc03] eine Studie von Point Forward[38] an, die sich mit der Akzeptanz des Prototyps einer Software beschäftigte, welche – in Zusammenarbeit mit Sony Ericsson – auf Grundlage des Kulturmodells von Hofstede erarbeitet wurde. Insgesamt fand die Nutzung der Software sehr große Zustimmung und Akzeptanz und wurde vom Hauptteil der Studienteilnehmer als besonders verständlich, vertraut und einfach zu bedienen wahrgenommen. Jedoch entbehrt diese Untersuchung einer Vergleichsmöglichkeit, da lediglich eine Softwareversion getestet wurde. Daher lassen sich die Vorteile der Software nicht mit hundertprozentiger Sicherheit der Anwendung des Kulturmodells zuschreiben. Trotz allem gibt die starke Akzeptanz Anlass zu der Vermutung, dass die hohe Usability der Software auf die Berücksichtigung der Kultur zurückzuführen ist.

Die Frage, ob sich die kulturellen Dimensionen nach Hofstede unmittelbar auf Bearbeitung und Leistung auswirken, wurde von Ford & Gelderblom [FoGe03] untersucht. Die Studienergebnisse konnten überraschenderweise ihre Hypothese, dass die Berücksichtigung der kulturellen Dimensionen eine Veränderung von Bearbeitung und Leistung bewirkt, nicht bestätigen. Ein potentieller Einfluss der Auswahl der Versuchspersonen kann hier nicht ausgeschlossen werden, da die Charakteristika der Versuchspersonen nur unzulänglich erläutert wurden. Einzig die Tatsache, dass alle Probanden Studenten derselben Universität in Durban, Südafrika sind und somit einen ähnlichen Bildungshintergrund haben wird deutlich. Unklar ist jedoch, ob es sich um Austauschstudenten handelt sowie die bisherige Dauer des Aufenthalts des Einzelnen in Südafrika. Den Studenten wurden auf den Webseiten Aufgaben gestellt, die es zu bearbeiten galt. Diese waren auf die jeweiligen Test-Webseiten abgestimmt und somit kann auch hier ein Einfluss der Wahl der Aufgaben auf das Testergebnis nicht ausgeschlossen werden. Dies macht die Schwierigkeit deutlich, Webseiten mit unterschiedlichem Inhalt und unterschiedlicher Struktur direkt

---

[38]   www.pointforward.com

miteinander zu vergleichen. Denn nach Marcus [Marc00] und Gould et al. [Goul00] besteht eine Kulturabhängigkeit sowohl in Bezug auf Inhalt als auch in Bezug auf Struktur. Vernachlässigt wurde in der Untersuchung die Frage nach der allgemeinen Intention der Internetnutzung der einzelnen Probanden. Die Kultur bestimmt das Verhalten der Menschen; dies schließt auch die Nutzung des Internets mit ein. So kann es durchaus sein, dass Menschen unterschiedlicher Kulturen bei der Erfüllung ein und derselben Aufgabe auf einer Webseite sich kaum unterschiedlich verhalten, doch dies führt nicht zwingend zu dem Umkehrschluss, dass beide bei der Nutzung dieser Webseite dasselbe Ziel und dieselbe Intention haben. Akzeptanz und Bedeutung der Seite kann sich trotz allem unterscheiden.

Chau et al. [Chau02] stellten einen Vergleich des Internetnutzungsverhaltens amerikanischer Nutzer und chinesischer Nutzer aus Hong Kong an und untersuchten, welche Auswirkungen dies auf die Einstellung gegenüber Webseiten mit unterschiedlicher inhaltlicher Orientierung haben kann. Sie konnten kulturabhängige Unterschiede in der Nutzungsintention feststellen, die sich auch in der Bewertung der Wichtigkeit bestimmter Merkmale und Eigenschaften der Webseiten niederschlugen. Eine Befragung der Probanden nach ihren Internetnutzungsgewohnheiten ergab folgende vier Hauptfaktoren, durch die sich die Unterschiede in Nutzungsintention und den Nutzungsgewohnheiten beschreiben lassen:

Faktor	Beschreibung der Nutzungsgewohnheiten
Soziale Kommunikation	Neue Leute treffen Chaträume besuchen Sich in einer Gemeinschaft engagieren Einer Gruppe beitreten
E-Commerce	Einkaufen Geld verdienen Werbung Verkaufen
Hobby	Spaß haben Information zu dem Hobby Spielen Download von Software Musik hören
Informationssuche	Information zur Bildung Information zur Arbeitssuche Arbeitsbezogene Internetnutzung Produktinformation

Tabelle 4.2: Nutzungsgewohnheiten des Internet. Quelle: [Chau02 S.140].

Die Studie ergab, dass in Hong Kong das Internet stärker zur sozialen Kommunikation und zur Pflege des Hobbys genutzt wird, wohingegen in Amerika der Schwerpunkt auf E-Commerce und Informationssuche liegt. Analog zu dieser Feststellung konnten Chau et al. für beide Versuchsgruppen jeweils Präferenzen für diejenigen Webseiten feststellen, die auch inhaltlich den bevorzugten Faktoren entsprachen. Die subjektive Zufriedenheit war größer nach der Nutzung einer Webseite, auf der eigene Nutzungsgewohnheiten betont wurden. Konkrete Aussagen über Bearbeitung und Leistung können jedoch nicht getroffen werden. An dieser Stelle gilt es auf Abschnitt 2.2.1 zu verweisen, wo die positiven Auswirkungen der Stimmung auf die Leistung erörtert werden. Unterschiedlichen Nutzungsintentionen und -gewohnheiten lassen sich mit dem Kulturmodell von Hofstede erklären; Werte und Normen der Kulturen äußern sich sowohl, wie oben erläutert, in inhaltlicher Ausrichtung als auch in Art der Nutzung von Webseiten und des Internets.

Der bisherige Stand der Forschung liefert noch keine endgültigen Nachweise, dass es sich positiv auf die Usability einer Webseite auswirkt, wenn das Kulturmodell bei der Konzeptionierung und Strukturierung der Seite miteinbezogen wird. Jedoch lassen sich ausreichend Hinweise finden, dass eine Webseite, die sowohl hinsichtlich des Designs als auch inhaltlich und strukturell kulturell kompetent gestaltet wird, die Zufriedenheit des Nutzers und die Usability der Seite erhöhen. Das Verhalten der Menschen wird durch die Kultur bestimmt. Daraus lässt sich die Aussage ableiten, dass eine intuitiv bedienbare internationale Webseite die kulturelle Orientierung widerspiegeln sollte. „Given the impact that culture has on people's behavior, truly intuitive international software should reflect the cultural orientation of its users and not just be a translation of an American interface" [Khasl98 S.365]. Neben dem Aspekt der Benutzbarkeit lassen sich auch Anhaltspunkte finden, die zeigen, dass die Akzeptanz einer Webseite durch den Inhalt bestimmt wird. Hier liegt ein wichtiger Punkt in der Unterscheidung zwischen Kulturen. Angehörige verschiedener Kulturen verwenden das Internet schwerpunktmäßig zu unterschiedlichen Zwecken. Kulturelle Kompetenz im globalen Webdesign bedeutet, unterschiedlichen Eigenschaften und Verhaltensweisen von Kulturen Beachtung zu schenken.

II.   Experimenteller Teil

5 Pilotstudie

Wissenschaftliche Forschung ist notwendig, „da sich das Verhalten von Menschen stark unterscheidet und auch die klügsten Menschen mit intuitiven Einschätzungen häufig falsch liegen" [Laugw01 S.2]. Um die im ersten Teil gefundenen Erkenntnisse zu unterstützen, soll daher im Folgenden eine Untersuchung über kulturelle Unterschiede in der Farbgestaltung von Webseiten und deren Bewertung durchgeführt werden.

5.1 Zusammenfassung bisheriger Forschungsergebnisse

Der erste Teil dieser Arbeit liefert eine Darlegung und Zusammenfassung bisheriger Studien, Forschungsarbeiten und Diskussionen aus dem Bereich der interkulturellen HCI-Forschung, aufgrund derer sich Aussagen über den Einfluss kultureller Unterschiede in der Farbgestaltung auf die Benutzbarkeit von Webseiten treffen lassen. Dazu erfolgte zunächst eine Erörterung des Zusammenhangs zwischen ästhetischer Gestaltung und Benutzbarkeit von Webseiten und eine Betrachtung der Farbe als ästhetische Dimension. Hieraus lässt sich die Aussage ableiten, dass sich ein ästhetisch gestaltetes und insbesondere ein farblich gefälliges Interface positiv auf dessen Benutzbarkeit und auf die Leistung des Nutzers auswirken kann. Die in Kapitel 3 folgenden Darlegungen zum Thema Farbe und Webdesign zeigen, dass sich sowohl Farbsymbolik als auch Farbpräferenz interkulturell unterscheiden. Unterschiede in der Farbpräferenz resultieren aus unterschiedlichen Designstandards und Traditionen von Kulturen und Subkulturen, welche als Farbcodes bezeichnet werden können. Die Bewertung von Farben und Farbkombinationen ist weder in Bezug auf Bedeutung, noch die Präferenz betreffend universell. Diese allgemeinen Unterschiede lassen Rückschlüsse auf eine interkulturell unterschiedliche Wahrnehmung und Bewertung von Farbkombinationen auf Webseiten zu. Dies wiederum lässt darauf schließen, dass über die unterschiedliche Bewertung von Farbkombinationen auch die wahrgenommene Benutzbarkeit der Webseiten durch die Farbgestaltung interkulturell verschieden beeinflusst werden kann, da sich gefällige Interfaces nachweislich positiv auf die

Benutzbarkeit auswirken (vgl. Abschnitt 2.2.2). Auch die semantische Bedeutung von Farbkombinationen auf Webseiten kann durch die Symbolik der Farben und über eigene Designstandards der Kulturen Unterschiede aufweisen. Eine abweichende Beurteilung und Einordnung von Webseiten kann eine Folge dieser Differenzen sein. In der gegenwärtigen Diskussion zu interkulturellen Unterschieden im Webdesign (vgl. Kapitel 4) und der Auswirkungen auf die Benutzbarkeit wird Farbe stets als ein wichtiges Element bezeichnet. Dennoch fehlen in der interkulturellen HCI-Forschung bisher Studien, die sich explizit mit dem Thema Farbe beschäftigen. Von Barber & Badre [BaBa98] wurde Farbe als Cultural Marker identifiziert. Jedoch finden sich in der Studie keine Aussagen über Art der Unterschiede oder eine Zuordnung zu einzelnen Kulturen. In Abschnitt 3.5.2 und 3.5.3 sind Literaturangaben zu finden, die eine allgemeine Darstellung globaler Unterschiede in Farbpräferenz und Farbkodierung beinhalten. Konkrete Aussagen, in wiefern die Farbgestaltung bei der Erstellung interkultureller und internationaler Webseiten berücksichtigt werden sollte, werden nicht getroffen.

In Kapitel 4.3 ist dargelegt, dass sich Wahrnehmung und Kognition interkulturell unterscheiden kann. Hinsichtlich der Farbwahrnehmung gibt es hierzu jedoch kaum Untersuchungen. Die ästhetische Bewertung von Farbkombinationen betreffend, konnte Bettina Laugwitz [Laug01] keine kulturellen Unterschiede feststellen. Hierbei handelt es sich um die psychologische Ästhetik, die nicht mit ästhetischer Präferenz zu verwechseln ist. Dass Brasilianer, unabhängig von Inhalt und Kontext, insgesamt buntere Webseiten bevorzugen [Sun01], ist ein Beispiel für Unterschiede in Bezug auf die ästhetische Präferenz. Weitere potentielle Unterschiede hinsichtlich der ästhetischen Präferenz sind noch zu untersuchen.

Auch gibt es in der Literatur keine Untersuchungen und Aussagen, ob Farbe in unterschiedlichen Kulturen im Webdesign unterschiedlich verwendet wird, d.h. ob Farbe in allen Kulturen gleichermaßen beispielsweise zur Unterstützung der Navigation oder zur Informationsvisualisierung eingesetzt und auch verstanden wird. Weiterhin gibt es bisher keine Forschungsergebnisse, die Antwort auf die Frage geben, ob Kultur Einfluss auf psychologische Wirkungen von Farben in grafischen Benutzeroberflächen und damit auf die Reaktion auf bestimmte Farben hat. Daraus resultierend könnte sich das Navigationsverhalten auf Webseiten je nach Farbgebung und Kultur unterscheiden.

5.2 Zielsetzung der Studie

Da in der interkulturellen HCI-Forschung bisher noch keine Studien vorliegen, die sich explizit mit der Farbgestaltung beschäftigen, werde ich eine kulturvergleichende Pilotstudie durchführen, die sich mit den Unterschieden in der Farbgestaltung von Webseiten und den Auswirkungen auf die Wahrnehmung beschäftigt. Gegenstand dieser Pilotstudie sind Webseiten japanischer und deutscher Universitäten

Aufgrund der geringen Aussagekraft bisheriger Forschungsergebnisse über den Einfluss kultureller Unterschiede in der Farbgestaltung auf die Benutzbarkeit lässt sich hieraus keine theoretisch fundierte Hypothese als Ausgangspunkt für meine Pilotstudie entwickeln. Eine explorative Untersuchung über Unterschiede im Farbdesign von Webseiten aus unterschiedlichen Kulturkreisen ergibt zunächst einmal eine gute Basis für weitere Untersuchungen im Sinne einer Fragestellung, die sich mit den Auswirkungen kultureller Unterschiede in der Farbgestaltung auf die Benutzbarkeit beschäftigt. An erster Stelle steht hier die Frage, ob es überhaupt Unterschiede gibt, oder ob sich über eine Globalisierung des Internet eine Angleichung in Bezug auf die Verwendung von Farben entwickelt hat. Eine statistische Erhebung der zu erkennenden Ungleichheiten gibt Auskunft über Qualität und Quantität von Differenzen. Weiterführend soll untersucht werden, ob diese Unterschiede zu unterschiedlicher Wahrnehmung führen. Hierbei liegt das Hauptaugenmerk der Studie auf Unterschieden in der semantischen Bewertung von Farbkombinationen. Die Präferenz der Farbgestaltung von Webseiten wird in Abhängigkeit vom Inhalt der Webseiten untersucht, da eine Trennung von Farbgestaltung und Kontext nicht möglich ist. Für diesen Teil der Studie gibt es eine allgemeine Hypothese, die sich jedoch nicht aus spezifischen Theorien herleiten lässt, da hierzu bisher keine Forschungsergebnisse vorliegen. Laut dieser Hypothese ruft die Farbgebung einer Webseite je nach Kultur unterschiedliche Wirkungen beim Nutzer hervor. Die semantische Bewertung und Präferenz von Farbkombinationen auf Webseiten sind kulturell abhängig.

Ziel der Studie ist keine kulturvergleichende Farbharmonieforschung, da es nicht um die Vorhersage ästhetischer Farbkombinationen geht, sondern um die Frage nach den Ungleichheiten von Farbbewertungen. Vorhersagen über Art der Kombinationen zu treffen, kann und soll nicht den Kernpunkt der Untersuchung darstellen. In diesem Zusammenhang sei auf die Untersuchung von Laugwitz [Laug01] verwiesen, die in ihrem Beitrag zur Farbharmonieforschung auf Benutzeroberflächen auch kulturelle Differenzen in der ästhetischen Bewertung berücksichtigt (vgl. Abschnitt 3.5.1).

Eine Untersuchung, in wiefern die Farbgebung die Navigation unterstützen oder zu Irritationen führen kann, würde vermutlich zu sehr interessanten Ergebnissen führen. Da jedoch kulturelle Identitäten auch innerhalb eines Landes sehr große Varianzen aufweisen, bedarf es einer sehr großen Anzahl an Stichproben, um zu aussagekräftigen Ergebnissen zu gelangen. Weiterhin wäre hierzu eine aufwändige psychologische Studie über Effekte von Farben auf Nutzer unterschiedlicher Kulturen notwendig, welche über den Rahmen dieser Arbeit hinausgehen würde. Als Basis für eine Untersuchung im Sinne dieser Fragestellung ist zunächst eine Erforschung vorhandener Unterschiede und eine Untersuchung über die Attraktivität von Webseiten nötig.

5.3 Studienaufbau der Pilotstudie

Wie bereits erläutert, lässt der bisherige Stand der Forschung nur die Aufstellung einer allgemeinen Hypothese zu, die nicht aus spezifischen Theorien hergeleitet werden kann. Diese lautet:

Die semantische Bewertung und die Präferenz der Farbgestaltung einer Webseite sind abhängig von der Kultur des Benutzers.

Diese Hypothese wird anhand einer kulturvergleichenden Studie zwischen Japan und Deutschland getestet. Um eine Basis für eine Untersuchung dieser Hypothese zu legen, erfolgt zunächst eine explorative Voruntersuchung. Ziel dieser Voruntersuchung ist es, herauszufinden, ob Unterschiede in der Farbgestaltung bestehen und ob diese auf die Kultur zurückzuführen sind. Die Hauptuntersuchung basiert auf den Ergebnissen der Voruntersuchung. Schwerpunkt der Hauptuntersuchung ist eine Bewertung typischer Webseiten im Sinne oben genannter Hypothese. Im Folgenden ist der Studienaufbau von Vor- und Hauptuntersuchung detailliert erläutert.

5.3.1 Voruntersuchung: Analyse der Farbgestaltung von Webseiten

Als Basis für die Hauptuntersuchung kann schon die Analyse der Webseiten Auskunft über kulturbedingte Unterschiede in der Farbwahrnehmung und Farbbewertung geben. Die Farbwahl in der Malerei beispielsweise kann etwas über die *innere Farbskala* (vgl. Abschnitt 3.5.2) des Gestalters aussagen. Im Webdesign werden Farben nach dem Corporate Design der Firmen und nach der Wirkung ausgewählt, die beim Nutzer erreicht werden soll. Daher können Unterschiede in der Farbgestaltung von Webseiten bereits Aufschluss über unterschiedliche Bewertungen von Farben und Farbkombinationen in Hinblick auf die Anwendung in Webseiten geben. Zweck und Inhalt der Webseite bestimmen die Farbauswahl. Beide können ebenso wie die Auswahl der Farbkombination kulturabhängig sein (vgl. Abschnitt 4.4.2). Die Farbgestaltung einer Webseite kann somit analog zu der *inneren Farbskala* eines Menschen Hinweise auf Kulturunterschiede in Bezug auf Farbbewertungen und Farbpräferenzen liefern. Webseiten werden als Projektionsfläche für Farbpräferenzen und Farbbewertungen angesehen.

Das Ziel der Voruntersuchung ist es, aufzuzeigen ob interkulturelle Unterschiede in der Farbgestaltung bestehen und diese genauer zu bestimmen. Dahingehend werden verschiedene Faktoren der Farbgestaltung auf Webseiten untersucht, die im Folgenden aufgelistet sind:

- Anzahl der Farbabstufungen und der Bunttöne
- Farbsättigung bzw. Weißanteil und Helligkeit
- Auffällige Farbkontraste
- Allgemeine Farbwahl
- Dominierende Farbe
- Hintergrundfarbe

Sämtliche Beobachtungen basieren auf der Wahrnehmung einer Person. Eine Datenerhebung mit technischen Messgeräten ergäbe allerdings keine besser auszuwertenden Ergebnisse, da die Messwerte zwar farbmetrisch korrekte Daten ergeben würden, diese aber nur bedingt etwas über subjektiv empfundene

Unterschiede aussagen.[39] Daher wird auf den Einsatz kostspieliger technischer Messgeräte an dieser Stelle verzichtet.

5.3.1.1 Auswahlkriterien der Webseiten

Bei der Auswahl der zu untersuchenden Webseiten müssen inhaltlicher Kontext und Genre der Webseiten mit berücksichtigt werden, da ein Zusammenhang zwischen dem Einsatz Cultural Markers und dem Kontext der Webseite besteht [BaBa98]. Farbe spielt hierbei vermutlich eine tragende Rolle, da über sie der Kontext der Webseite sehr stark visualisiert werden kann. Um eine Vergleichbarkeit der Webseiten zu erreichen, müssen homogene Seiten aus beiden Ländern untersucht werden. Dies wird über eine ausschließliche Analyse von Homepages[40] deutscher und japanischer Universitäten erreicht.

5.3.2 Auswertung der Analyse

5.3.2.1 Methodik

Zweck der Untersuchung von Webseiten ist, herauszufinden, ob es auf Webseiten verschiedener Kulturen signifikante Unterschiede hinsichtlich der Farbgestaltung gibt. Einzelne Faktoren der Farbgestaltung in Abhängigkeit von der Kultur, die sich aus den Fragen 1-5 ergeben, wurden mit Hilfe einer *einfaktoriellen Varianzanalyse* (ANOVA – Analysis of Variance between groups) untersucht. Anhand einer einfaktoriellen Varianzanalyse wird untersucht, ob sich die Mittelwerte zweier Stichproben signifikant voneinander unterscheiden und ob die Varianz durch die unterschiedlichen Gruppen zu erklären ist oder auf Zufällen basiert. Hierzu werden zwei Hypothesen aufgestellt, die gegeneinander getestet werden sollen:

Nullhypothese H_0: μ_1 (Mittelwert 1) = μ_2 (Mittelwert 2)

Alternativhypothese H_1: μ_1 (Mittelwert 1) ≠ μ_2 (Mittelwert 2)

Für die Untersuchung japanischer und deutscher Webseiten bedeutet das konkret eine Analyse, ob signifikante Unterschiede in der Farbgestaltung (hier: durchschnittliche Anzahl der Farben etc.) zwischen beiden Kulturen vorliegen, oder

---

[39] Die Schwierigkeit einer empfindungsgemäßen Farbmetrik wird in Kapitel 3.3 erläutert.
[40] Mit Homepage wird die Startseite, also die erste Ebene einer Webseite bezeichnet. Weitere Ebenen werden nicht berücksichtigt.

ob die unterschiedliche Gestaltung der Webseiten rein zufälliger Natur ist und nicht in Zusammenhang mit Kultur steht.

Die gängigste Methode einer einfaktoriellen Varianzanalyse ist der F-Test, der im Folgenden kurz erläutert werden soll.

Über die Summe der Abweichungsquadrate, lassen sich Rückschlüsse auf die Varianz ziehen:

Mit Hilfe der quadratischen Abweichung der Gruppenmittel vom Gesamtmittel wird die Varianz zwischen den beiden Gruppen dargestellt. Die quadrierten Differenzen der einzelnen Beobachtungswerte zu den jeweiligen Gruppenmitteln beschreiben die Varianz innerhalb der Gruppen.

Statistische Aussagen sind eng verbunden mit der Anzahl der zur Verfügung stehenden Informationen. Über eine Einbindung des *Freiheitsgrades* bei der Berechung der mittleren Quadratsumme wird die Anzahl der Informationen berücksichtigt. „In der statistischen Prüftheorie [ist der Freiheitsgrad] die Höchstzahl der […] frei bestimmbaren Variablen, die variiert werden können, ohne dass die Bedingungen des Systems gestört sind. Es wird dadurch die Gesamtzahl der insgesamt möglichen und daher nicht mit Sicherheit voraussehbaren Ausprägungen der Daten einer Prüfverteilung angegeben" [Medi]. Anhand der mittleren Quadratsumme lässt sich der F-Wert, der Quotient aus der Varianz zwischen den Gruppen und innerhalb der Gruppen, bestimmen. Dies ist die eigentliche Prüfgröße für die zuvor aufgestellte Hypothese. Mit einer Tabelle, in der die F-Werte abhängig von Signifikanzniveau und Freiheitsgraden abgetragen sind, lässt sich bestimmen, ob der F-Wert signifikant ist. Wird der in der Tabelle abgelesene kritische Wert erreicht oder überschritten, wird H_0 abgelehnt. Dies besagt zum einen, dass ein statistisch bedeutsamer Zusammenhang zwischen der unabhängigen und der abhängigen Variablen besteht. Weiterhin bedeutet dies einen signifikanten Unterschied zwischen den Mittelwerten. Im Falle meiner Studie lässt ein kritischer F-Wert auf bedeutende Unterschiede in der Farbgestaltung abhängig von der Kultur schließen, z.B. unterscheiden sich die Seiten signifikant in der durchschnittlichen Anzahl der Farben etc. Der P-Wert gibt dann die Wahrscheinlichkeit dafür an, dass die beobachteten Unterschiede durch Zufall zustande gekommen sind. Der P-Wert hängt direkt mit dem F-Wert zusammen. Wird die Studie, wie dies hier der Fall ist, auf einem 5 % - Signifikanzniveau (P = 0,05) durchgeführt, so ist bei $F = F_{krit}$ die Wahrscheinlichkeit für einen Zufall 5 %.

Die Berechnung der ANOVA erfolgt mit WINSTAT.[41]

Eine Visualisierung durch Säulendiagramme trägt zur Verdeutlichung der Ergebnisse bei der Frage nach kulturell bedingten Unterschieden in Bezug auf die allgemeine Farbverteilung, die Verteilung von Hintergrundfarben und die Verteilung dominierender Farben bei.

5.3.2.1.1   ANOVA Anzahl Farbabstufungen

Für eine Untersuchung, ob sich die Anzahl der Farbabstufungen auf Webseiten abhängig von der Kultur unterscheidet, wurden folgende Hypothesen aufgestellt:

H_0:   Es bestehen keine kulturabhängigen Unterschiede in der Anzahl der Farbabstufungen $\Rightarrow \mu_1 = \mu_2$

H_1:   Es bestehen kulturabhängige Unterschiede in der Anzahl der Farbabstufungen $\Rightarrow \mu_1 \neq \mu_2$

Der Kulturkreis (Japan oder Deutschland) wird als unabhängige Variable für die Durchführung der ANOVA definiert. Diese Definition der unabhängigen Variablen wird in allen folgenden ANOVA beibehalten. Lediglich die Wahl der abhängigen Variablen wird verändert. Abhängige Variable ist hier die Anzahl der Farbabstufungen.

Abhängige Messvariable: Anzahl der Farbabstufungen
Gruppiert nach: Kulturkreis

<u>Mittlere Anzahl der Farbabstufungen:</u>

Deutschland: 2,77
Japan: 7,26

---

[41]   Statistik Add-Inn für Microsoft Excel.

	Quadratsumme	Freiheits-grade	mittlere QS	F	P
Zwischen	352,1285714	1	352,1285714	60,64153401	5,33372E-11
Innerhalb	394,8571429	68	5,806722689		
Gesamt	746,9857143	69	10,82587992		

Der F-Wert von 60,64 übersteigt den kritischen F-Wert. Daraus lässt sich schließen, dass zwischen beiden Kulturen signifikante Unterschiede in der Anzahl der Farbabstufungen vorliegen. Die Wahrscheinlichkeit, dass diese Unterschiede durch Zufall zustande gekommen sind, liegt mit weit weniger als 0,05 Prozent deutlich unter dem Signifikanzniveau von 5 Prozent. Damit muss die Nullhypothese abgelehnt und die Alternativhypothese bestätigt werden. Es liegen kulturell bedingte Unterschiede in der Anzahl der Farbabstufungen vor. Aus dem Mittelwert geht hervor, dass auf japanischen Webseiten durchschnittlich mehr verschiedene Farbabstufungen eingesetzt werden als in Deutschland.

5.3.2.1.2   ANOVA Anzahl Farbtöne

Für eine Untersuchung, ob sich die Anzahl der Farbtöne auf Webseiten abhängig von der Kultur unterscheidet, wurden folgende Hypothesen aufgestellt:

H_0:   Es bestehen keine kulturabhängigen Unterschiede in der Anzahl der Farbtöne $\Rightarrow \mu_1 = \mu_2$

H_1:   Es bestehen kulturabhängige Unterschiede in der Anzahl der Farbtöne $\Rightarrow \mu_1 \neq \mu_2$

Abhängige Messvariable: Anzahl der Farbtöne

Gruppiert nach: Kulturkreis

Mittlere Anzahl der Farbtöne:

Deutschland: 1,97

Japan: 4,49

	Quadratsumme	Freiheits-grade	mittlere QS	F	P
Zwischen	110,6285714	1	110,6285714	55,43073684	2,22599E-10
Innerhalb	135,7142857	68	1,995798319		
Gesamt	246,3428571	69	3,570186335		

Wie schon bei der Untersuchung der Anzahl der Farbabstufungen übersteigt der F-Wert von 55,43 den kritischen F-Wert. Auch in der Anzahl der Farbtöne liegen folglich signifikante Unterschiede vor. Die Wahrscheinlichkeit, dass diese Unterschiede durch Zufall zustande gekommen sind, ist mit deutlich weniger als 0,2 Prozent verschwindend gering. Damit muss die Nullhypothese abgelehnt und die Alternativhypothese bestätigt werden. Auch in der Anzahl der Farbtöne liegen Unterschiede in Abhängigkeit von der Kultur vor. Eine Betrachtung des Mittelwertes zeigt, dass auf japanischen Seiten nicht nur mehr Farbabstufungen (vgl. Abschnitt 5.3.2.1.1) ermittelt werden konnten, sondern dass auch die Anzahl der Farbtöne höher ist als auf deutschen Webseiten.

5.3.2.1.3   ANOVA Komplexität

Für eine Untersuchung, ob sich die Komplexität der Farbgestaltung auf Webseiten abhängig von der Kultur unterscheidet, wurden folgende Hypothesen aufgestellt:

H_0:   Es bestehen keine kulturabhängigen Unterschiede hinsichtlich der Komplexität $\Rightarrow \mu_1 = \mu_2$

H_1:   Es bestehen kulturabhängige Unterschiede hinsichtlich der Komplexität $\Rightarrow \mu_1 \neq \mu_2$

Abhängige Messvariable: Komplexität

Gruppiert nach: Kulturkreis

Mittlere Komplexität:

Deutschland: 1,57

Japan: 1,62

	Quadratsumme	Freiheits-grade	mittlere QS	F	P
Zwischen	0,063	1	0,063	0,147350434	0,702278004
Innerhalb	29,07354857	68	0,427552185		
Gesamt	29,13654857	69	0,42226882		

Der F-Wert liegt unter dem kritischen F-Wert und die Wahrscheinlichkeit P liegt mit 70 Prozent deutlich über dem Signifikanzniveau. Hiermit ist die Nullhypothese zu bestätigen, die Alternativhypothese ist abzulehnen. Unterschiede in der Komplexität der Farbgestaltung von Webseiten stehen nicht in Zusammenhang mit der Kultur. Die Varianzen in den beobachteten Werten sind zufällig.

5.3.2.1.4   ANOVA Farbsättigung

Für eine Untersuchung, ob sich die Farbsättigung auf Webseiten abhängig von der Kultur unterscheidet, wurden folgende Hypothesen aufgestellt:

H_0:   Es bestehen keine kulturabhängigen Unterschiede hinsichtlich der Farbsättigung $\Rightarrow \mu_1 = \mu_2$

H_1:   Es bestehen kulturabhängige Unterschiede hinsichtlich der Farbsättigung $\Rightarrow \mu_1 \neq \mu_2$

Abhängige Messvariable: Farbsättigung

Gruppiert nach: Kulturkreis

Mittlere Farbsättigung:

Deutschland: 2,83

Japan: 3,89

	Quadratsumme	Freiheits-grade	mittlere QS	F	P
Zwischen	19,55714286	1	19,55714286	20,61381754	2,35768E-05
Innerhalb	64,51428571	68	0,948739496		
Gesamt	84,07142857	69	1,218426501		

In diesem Falle liegt der F-Wert über dem kritischen F-Wert, die Wahrscheinlichkeit ist mit 0,002 Prozent eindeutig niedriger als das Signifikanzniveau. Die Nullhypothese ist abzulehnen, die Alternativhypothese wird bestätigt. Dies besagt, dass auch hinsichtlich der Farbsättigung deutliche Unterschiede vorliegen, die auf die Kultur zurückgeführt werden können. Der Mittelwert zeugt von einer geringeren durchschnittlichen Farbsättigung auf japanischen Webseiten

5.3.2.1.5   ANOVA Kontraste

Für eine Untersuchung, ob sich die Farbkontraste auf Webseiten abhängig von der Kultur unterscheiden, wurden folgende Hypothesen aufgestellt:

H_0:   Es bestehen keine kulturabhängigen Kontrast-Unterschiede $\Rightarrow \mu_1 = \mu_2$

H_1:   Es bestehen kulturabhängige Kontrast-Unterschiede $\Rightarrow \mu_1 \neq \mu_2$

Abhängige Messvariable: Kontraste

Gruppiert nach: Kulturkreis

Mittlere Kontraste:

Deutschland: 0,17

Japan: 0,23

	Quadratsumme	Freiheits-grade	mittlere QS	F	P
Zwischen	0,057142857	1	0,057142857	0,348717949	0,556797328
Innerhalb	11,14285714	68	0,163865546		
Gesamt	11,2	69	0,162318841		

Da F< F_{krit} und P = 0,56 > 0,05 wird die Nullhypothese bestätigt. Es liegen keine signifikant unterschiedlichen Farbkontraste vor.

5.3.2.1.6   ANOVA Farbiger Text

Für eine Untersuchung, ob sich der Anteil an farbigem Text auf Webseiten abhängig von der Kultur unterscheidet, wurden folgende Hypothesen aufgestellt:

H_0:   Es bestehen keine kulturabhängigen Unterschiede hinsichtlich des Anteils an farbigem Text $\Rightarrow \mu_1 = \mu_2$

H_1:   Es bestehen kulturabhängige Unterschiede hinsichtlich des Anteils an farbigem Text $\Rightarrow \mu_1 \neq \mu_2$

Abhängige Messvariable: farbiger Text

Gruppiert nach: Kulturkreis

Mittlerer Anteil an farbigem Text:

Deutschland: 0,58

Japan: 2,74

	Quadratsumme	Freiheits-grade	mittlere QS	F	P
Zwischen	0,357142857	1	0,357142857	0,245098039	0,622144021
Innerhalb	99,08571429	68	1,457142857		
Gesamt	99,44285714	69	1,441200828		

Da $F < F_{krit}$ und $P = 0,56 > 0,05$ wird die Nullhypothese bestätigt. Es liegen keine signifikanten Unterschiede hinsichtlich des Anteils an farbigem Text vor.

5.3.2.1.7   Farbverteilung beider Länder im Vergleich

Im Folgenden wird ein Vergleich der allgemeinen Farbverteilung beider Länder abgefasst. Eine Gegenüberstellung der Häufigkeiten bestimmter Farben auf Webseiten japanischer und deutscher Universitäten soll zeigen, ob die Wahl der Farben bei der Gestaltung einer Webseite von der Kultur beeinflusst ist und ob kulturabhängige Regelmäßigkeiten festzustellen sind. In Abbildung 5.1 ist die Häufigkeit dargestellt, in welcher Farben auf den Webseiten verwendet wurden. Anhand dieser Verteilung ist es möglich, Vermutungen über eventuelle Designpräferenzen der Kulturen bei der Gestaltung von Universitätsseiten anzustellen.

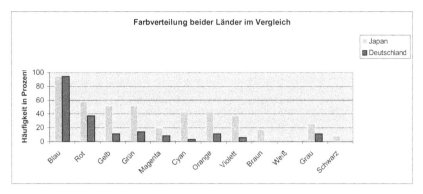

Abbildung 5.1: Farbverteilung beider Länder im Vergleich. Quelle: Eigene Darstellung.

Aus Abbildung 5.1 geht deutlich hervor, dass im Vergleich zu deutschen Seiten bei der Farbgestaltung japanischer Universitätsseiten ein wesentlich breiteres Spektrum verschiedener Bunttöne zum Einsatz kommt. Es lässt sich keine Tendenz hin zu einer Bevorzugung einer bestimmten Farbe feststellen. Jedoch werden unbunte Farben eher selten verwendet. Deutsche Universitätsseiten hingegen zeigen eine sehr starke Präferenz der Farbe blau. Auf den Einsatz vieler unterschiedlicher Farben wird in der Regel verzichtet. Unterschiede in der Art der Farbwahl zwischen Japan und Deutschland sind deutlich zu erkennen. Das Fehlen der Farbe weiß bei beiden Testgruppen ist darauf zurückzuführen, dass bei der Erhebung der Daten ausschließlich Bunttöne gezählt wurden, die als Mittel zur ästhetischen Gestaltung oder zur Strukturierung der Seite dienten und sich somit von dem weißen Hintergrund abhoben. Der Einsatz von Weißraum als Gestaltungsmittel findet bei der Untersuchung der Hintergrundfarben Berücksichtigung.

5.3.2.1.8 Verteilung dominierender Farben beider Länder im Vergleich

Als Fortführung der Fragestellung, ob die allgemeine Farbwahl von der Kultur bedingt ist, wurden die Seiten auf eine einzelne dominierende Farbe hin untersucht. Die Prüfung, ob es überhaupt eine dominierende Farbe gibt, ergab folgendes Ergebnis:

- Japanischen Universitätsseiten mit einer dominierenden Farbe: 34 %
- Deutschen Universitätsseiten mit einer dominierenden Farbe: 82 %

In Abbildung 5.2 ist aufgezeigt, um welche Farben es sich hierbei jeweils handelt.

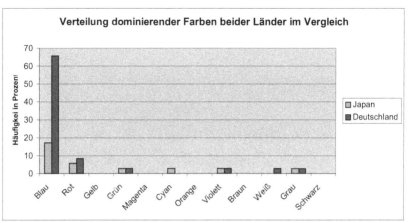

Abbildung 5.2: Verteilung dominierender Farben beider Länder im Vergleich. Quelle: Eigene Darstellung.

Wie aufgrund der Ergebnisse der Farbverteilung nicht anders zu erwarten, dominiert auf den meisten deutschen Universitätsseiten die Farbe Blau. Eine Dominanz auf japanischen Seiten lässt sich auch hier nicht ganz eindeutig festlegen, jedoch lässt sich ein Trend zu Blau verzeichnen. Gemeinsam mit der Tatsache, dass nur ein Drittel der Webseiten eine dominierende Farbe vorzuweisen hat, zeigt dies eine insgesamt höhere Varianz in der Verwendung der Bunttöne auf japanischen Universitätsseiten. Einen Regelmäßigkeit wie auf deutschen Webseiten ist nicht vorhanden.

5.3.2.1.9   Hintergrundfarben beider Länder im Vergleich

Als letzter Punkt soll hier nun untersucht werden, ob sich in Bezug auf die Hintergrundfarbe Unterschiede aufgrund der Kulturzugehörigkeit feststellen lassen. Die Ergebnisse der Datenerhebung sind in Abbildung 5.3 dargestellt.

Hier lassen sich keine signifikanten Unterschiede erkennen. Tendenziell zeigt sich auch hier ein etwas breiteres Spektrum an Hintergrundfarben auf japanischen Seiten, was jedoch aufgrund der insgesamt geringen prozentualen Anteile kaum aussagekräftig ist. Sowohl in Japan als auch in Deutschland wird als Hintergrundfarbe mehrheitlich weiß gewählt. Die Funktion von Weißraum als strukturierendes Element wird in beiden Kulturen berücksichtigt. Der Anteil an Weißraum auf den Webseiten wird in dieser Studie nicht berücksichtigt, da dies keine Ergebnisse zu den allgemeinen Unterschieden der Farbgestaltung liefern würde. In welcher Form Weißraum eingesetzt wird zählt zu den Fragen des Gesamtlayouts. Die Wahl der Bunttöne wird davon nicht beeinflusst.

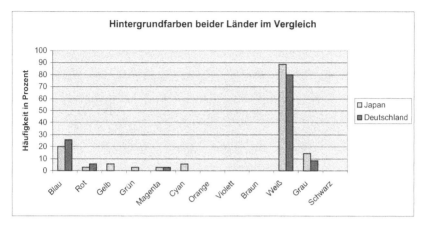

Abbildung 5.3: Hintergrundfarben beider Länder im Vergleich. Quelle: Eigene Darstellung.

5.3.2.1.10 Diskussion der Ergebnisse

Eine statistische Erhebung eines sehr subjektiven Themas wie dem der Farbgestaltung ist sehr schwierig. Aus den Ergebnissen lassen sich keine festen Regeln hinsichtlich der Farbgestaltung für deutsche oder japanische Universitätsseiten ableiten, was jedoch ohnehin nicht das Ziel der Studie darstellt. Es soll hier lediglich untersucht werden, ob subjektiv deutlich wahrnehmbare Unterschiede vorliegen. Es wird deutlich, dass signifikante Unterschiede vorliegen; die Farbgestaltung von Webseiten wird durch die Kultur beeinflusst. Aufgrund der Studie lassen sich Tendenzen aufzeigen, in wiefern sich die Farbgestaltung unterscheidet. Dies besitzt jedoch nur bedingt Gültigkeit für das gesamte Spektrum an Webseiten, da die Farbgestaltung in engem Zusammenhang mit dem inhaltlichen Kontext der Seite steht. Die aufgeführten Ergebnisse beziehen sich auf die Untersuchung von Homepages verschiedener japanischer und deutscher Universitäten.

Aus den Unterschieden in der Farbsättigung geht hervor, dass der Weißanteil der japanischen Farben höher ist, die Farbgebung japanischer Webseiten wirkt insgesamt heller. Die auf japanischen Seiten verwendeten Farben geringerer

Sättigung werden umgangssprachlich als Pastelltöne bezeichnet. Aufgrund dieser Feststellung lassen sich eventuell Rückschlüsse auf die ästhetische Präferenz in japanischen Kulturkreisen ziehen. In Bezug auf Präferenzunterschiede lässt sich auch ein Zusammenhang mit einer Information aus der Filmtechnik herstellen: Die Farbwiedergabe der Farbfilme des amerikanischen Filmherstellers Kodak unterscheidet sich von der des japanischen Filmherstellers Fuji. So neigen Kodak-Filme eher zu einer wärmeren und Fuji-Filme eher zu einer kälteren Farbwiedergabe [Mädl].

Die Aussagen über die Farbverteilungen (allgemein, dominierende Farbe, Hintergrundfarbe) sind keine absoluten Aussagen über einzelne Bunttöne, da bei der Auswertung der Webseiten verschiedene Bunttöne zu einer Gruppe ähnlicher Bunttöne zusammengefasst wurden. Ohne diese Reduzierung auf einzelne ‚Bunttongruppen' könnten bei der Vielzahl an möglichen Bunttönen keine Aussagen über Regelmäßigkeiten und Unterschiede getroffen werden. Dennoch lassen sich hieraus Tendenzen ablesen:

In Deutschland ist eine Dominanz verschiedener Blautöne zu erkennen. Die symbolische Bedeutung der Farbe blau scheint also in Deutschland im Zusammenhang mit dem wissenschaftlichen Kontext der Universitätsseiten zu stehen. Blau wird hierzulande als eine klare, ernsthafte, zurückhaltende Farbe gesehen [Hell99]. Eine Vielfalt der Farben, wie auf japanischen Seiten, könnte möglicherweise zu Irritationen in der Wahrnehmung der Webseite führen. Dieser Frage wird in einer zweiten Untersuchung zur Semantik von Farbkombinationen auf Webseiten nachgegangen.

Auf japanischen Universitätsseiten werden durchschnittlich mehr verschiedene Bunttöne und auch eine größere Bandbreite an Abstufungen der einzelnen Bunttöne verwendet. Betrachtet man die Farbverteilung in Kombination mit der Farbsättigung, so zeigt sich, dass in Deutschland vor allem stark gesättigte Blautöne eingesetzt werden, in Japan hingegen die Sättigung der Farbe blau stark variiert. Auch dies zeigt eine stärkere Einheitlichkeit in der Farbwahl bei der Gestaltung deutscher Universitätsseiten. Auffällig bei der Betrachtung japanischer Webseiten ist die Verwendung von Farbtönen, die in Deutschland eher als kindlich und verspielt betrachtet werden. Versucht man diese Farben zu kategorisieren, so fällt einem auf, dass auf den deutschen Webseiten eher die sogenannten Urfarben nach Hering verwendet werden, welche dem Betrachter als rein und unvermischt erscheinen.

Auch dies trägt zur Bildung eines klaren Erscheinungsbildes bei. Auf japanischen Webseiten scheint eine Tendenz hin zu Farben vorzuliegen, die bei dem Betrachter den Eindruck von „Mischfarben" hervorrufen können (vgl. Abschnitt 3.2). So werden auffallend häufig Cyan, Magenta, Orange, und Violett verwendet. Auch die so genannten Urfarben finden Verwendung, meist jedoch mit sehr hohem Weißanteil. Auf einem Großteil der Webseiten werden verschiedene dieser Farben in Kombination eingesetzt. Sowohl die Art der Farben als auch die Vielfalt ist der Klarheit der deutschen Seiten entgegengesetzt.

Die Vielfalt der Farben, die geringere Sättigung und auch die Art der Farben, die verwendet werden, findet sich auch in anderen Bereichen der japanischen Kultur wie Werbung, Produktgestaltung etc. wieder. Die Farbwahl bei der Gestaltung der Webseiten scheint sich an allgemeinen Designkonventionen und –traditionen der japanischen Kultur zu orientieren. Dies zeigt ein Vergleich der Farbgestaltung von Webseiten mit den japanischen Farbkombinationen in [Caba01]. Aufgrund dieser Ergebnisse lässt sich abschließend festhalten, dass die Farbgestaltung von Webseiten, insbesondere die Art der Farben, abhängig ist von kulturellen Präferenzen und Gewohnheiten. Eine Homogenisierung der Farbgestaltung innerhalb der digitalen, globalen Welt des Web hat nicht stattgefunden. Ob sich nun diese Differenzen auch in der Bewertung der Farbgestaltung wiederfinden, soll in einer weiterführenden Studie untersucht werden.

5.3.3 Hauptuntersuchung: Bewertung der Webseiten

Zur Überprüfung oben genannter Hypothese (vgl. Abschnitt 5.3) werden zwei unterschiedliche Testseiten, die jeweils ein kulturtypisches Farbdesign der beiden Kulturen Japan und Deutschland aufweisen, von japanischen und deutschen Probanden vergleichend bewertet. Das Design der Testseiten ergibt sich aus der Voruntersuchung. Jeweils eine typische Homepage einer Universität wurde ausgewählt und der Text durch Platzhalter ersetzt, um eine inhaltliche Beeinflussung auszuschließen. Die Testseiten wurden den Probanden als JPEG präsentiert, um eine Ablenkung durch Interaktion zu vermeiden (Die Testseiten befinden sich in Anhang C). Der genaue Aufbau des Fragebogens, der zur Bewertung verwendet werden soll, wird zu einem späteren Zeitpunkt erläutert (vgl. Abschnitt 5.3.3.3). Kernpunkt der Untersuchung ist die Aufstellung eines semantischen Differentials zur Erstellung eines Bedeutungsumfeldes von Farbkombinationen und die Einordnung der Testseiten in einen Kontext, der sich aufgrund der Farbgestaltung vermittelt. Hier soll untersucht werden, ob kulturabhängige Unterschiede in der semantischen Bewertung vorliegen. Weiterhin wird geprüft, ob sich die ästhetische Präferenz der Farbkombinationen allgemein unterscheidet und ob sich aufgrund der Farbgestaltung inhaltliche Präferenzen ergeben.

5.3.3.1 Studienteilnehmer

Da sich die Bewertung von Farben nicht nur aufgrund der Kultur, sondern auch aufgrund der gesellschaftlichen Stellung unterscheidet (vgl. Abschnitt 3.5.2), müssen die japanischen und die deutschen Probanden aus vergleichbaren Gruppen stammen. Sämtliche Probanden sind derzeit Studierende zwischen 20 und 30 Jahren. Eine Reduzierung auf eine Studienrichtung war nicht möglich, da sich nicht ausreichend Studierende einer Fachrichtung als Probanden zur Verfügung stellten. Die Probanden sind alle in ihrer eigenen Kultur aufgewachsen. Der Rücklauf der Fragebögen fiel, aufgrund mangelnder Beteiligung seitens der Probanden, deutlich geringer aus als erwartet. Insgesamt beteiligten sich 22 deutsche und 16 japanische Studierende an dem Experiment. Drei der japanischen Testpersonen sind bereits seit 2-3 Jahren in Deutschland, eine Beeinflussung der persönlichen Präferenzen und der semantischen Beurteilung durch die Gewöhnung an Designstandards deutscher Webseiten kann hier nicht ausgeschlossen werden. Dies ist in der Diskussion der Ergebnisse berücksichtigt.

5.3.3.2 Hardware

In Abschnitt 3.5 sind die hardwaretechnischen Faktoren dargestellt, die sich auf die Darstellung von Farben auf Bildschirmgeräten auswirken können. Da die Studie aus organisatorischen Gründen über das Internet durchgeführt wird, kann nicht gewährleistet werden, dass die Farbdarstellung bei allen Probanden identisch ist. Da jedoch alle Monitore von Werk aus aufgrund von standardisierten Werten kalibriert werden, ist davon auszugehen, dass die auftretenden Unterschiede in Bezug auf die Bewertung der beiden Seiten zu vernachlässigen sind. Um weitere Fehler in der Farbwiedergabe zu minimieren, ist von den Probanden eine Farbtiefe von 32 Bit (True Color) einzustellen.

5.3.3.3 Aufbau des Fragebogens

Der Fragebogen, der zur Bewertung verwendet wurde, befindet sich in Anhang D. In diesem Abschnitt findet sich eine Erläuterung der einzelnen Fragen.

Um ein Bedeutungsumfeld der Farbkombinationen beider Testseiten zu generieren, soll zunächst die semantische Bewertung der Webseiten untersucht werden. Dies geschieht über die Erstellung eines semantischen Differentials für beide Testseiten. Die Begriffe des semantischen Differentials ergaben sich aus der Überlegung, welche Wirkungen die Farbgestaltung einer Universitätshomepage in beiden Kulturkreisen hervorrufen soll. Zusätzlich zu den vorgegebenen Begriffen haben die Probanden die Möglichkeit, eigene Assoziationen hinzuzufügen. Weiterhin sollen die Testseiten aufgrund der Farbgestaltung unterschiedlichen Webseiten-Genres zugeordnet werden. Hierbei sind verschiedene Auswahlmöglichkeiten vorgegeben. Ohne die Vorgabe bestimmter Genres ist eine Zuordnung, die allein über die Farbgestaltung vorgenommen werden soll, sehr schwierig. Denn ähnliche Farbkombinationen können durchaus auch für inhaltlich sehr unterschiedliche Webseiten verwendet werden. Die Varianz der Ergebnisse könnte somit sehr hoch werden, was die Auswertung der Fragebögen unnötig erschweren würde. Die Vorgaben sind so gewählt, dass die Webseiten zwei übergeordneten Kategorien zugeordnet sind, die inhaltlich tendenziell gegensätzlich einzustufen sind. Die erste Kategorie enthält Webseiten, die in erster Linie auf Seriosität und Ernsthaftigkeit ausgerichtet sind. Die zweite Kategorie ist in ihrer inhaltlichen Ausrichtung der kommunikativen, unterhaltsamen Ebene zuzuordnen. Auch hier besteht die Möglichkeit, zusätzlich eigene Assoziationen einzutragen.

Im weiteren Verlauf sollen die Probanden Aussagen über die Präferenz einer der beiden Testseiten treffen. Zunächst bezieht sich dies auf die ästhetische Präferenz im allgemeinen. Anhand der Angabe einer Begründung lassen sich genauere Rückschlüsse auf einen Zusammenhang zwischen Präferenz und Kultur ziehen. Die Fragen nach einer eventuellen kontextgebundenen Präferenz stellen eine Bewertung der vorangegangenen Zuordnung zu einem Genre dar.

5.3.4 Auswertung der Bewertung

5.3.4.1 Semantisches Differential

Bei der semantischen Bewertung der deutschen und der japanischen Webseiten liegen deutliche Unterschiede vor. In den Abbildungen 5.4 und 5.5 sind die Mittelwerte eingetragen, die sich aus der Befragung ergaben. Hierbei sollten die Farbkombinationen der beiden Testseiten jeweils anhand einer Skala von 1-6 untenstehenden Begriffen zugeordnet werden.

Die Farbkombination der japanischen Seite wird von den Deutschen nahezu durchgängig als eher kindlich, abschreckend und unangenehm empfunden, was im Gegensatz zu den japanischen Bewertungen steht, die hier die sehr bunte Seite eher als erwachsen, einladend und angenehm einstuften.

Weitere häufige Assoziationen beider Testgruppen zu der deutschen Seite waren: sachlich, klar, kalt, ruhig. Zu der japanischen Seite wurden von den Deutschen eher folgende Begriffe häufig genannt: durcheinander, konzeptlos, bunt, unübersichtlich, verwirrend, kindlich, Sonne, Sommer, „Bonbonfarben" und kitschig. Auch hier zeigt sich ein Unterschied zu den japanischen Probanden, welche eher die Begriffe farbenfroh, einladend und anziehend bezüglich der japanischen Farben verwendeten.

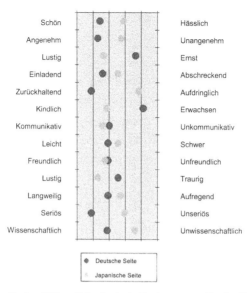

Abbildung 5.4: Semantisches Differential – deutsche Testpersonen. Quelle: Eigene Darstellung.

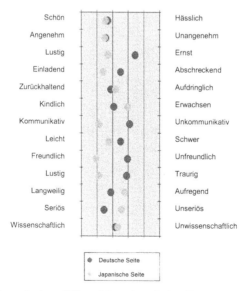

Abbildung 5.5: Semantisches Differential – japanische Testpersonen. Quelle: Eigene Darstellung.

5.3.4.2   Zuordnung zu einem Genre

Auch bei der Frage nach der Zuordnung der Webseiten zu verschiedenen vorgegebenen Genres zeigt sich, dass die deutschen Probanden mehrheitlich die japanische Universitätsseite aufgrund der Farbgestaltung nicht als solche einordnen. Die Farbgebung der deutschen Webseite wird von ihnen hauptsächlich mit Kategorien ernsthaften Inhalts in Verbindung gebracht, die in der Regel nach einem seriösen Erscheinungsbild streben. Die japanische Webseite wird eher als der Unterhaltungsbranche zugehörig betrachtet (vgl. Abb. 5.6).

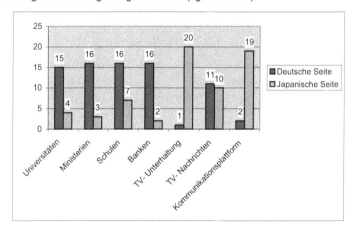

Abbildung 5.6: Zuordnung zu einem Genre – deutsche Testpersonen. Quelle: Eigene Darstellung.

Hier zeigt sich ein deutlicher Unterschied zwischen den beiden Testgruppen: Wurde die japanische Webseite von den Deutschen fast ausschließlich der Unterhaltungs- und Kommunikationsbranche zugeordnet, so sind die Einschätzungen der Japaner breiter gefächert. Die Mehrheit verband hier die japanische Seite eher mit einer Homepage einer Universität als die deutsche Seite. Die drei Probanden, die in Deutschland leben, entschieden sich hier allesamt jedoch für die deutsche Testseite. Der Einfluss der Gewöhnung kann hier nicht ausgeschlossen werden. Aufgrund der geringen Anzahl an Testpersonen wirkt sich dies sehr stark auf das Gesamtergebnis aus.

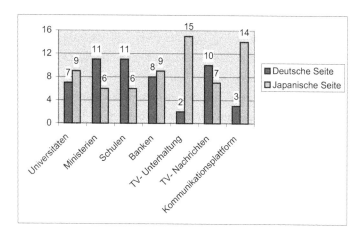

Abbildung 5.7: Zuordnung zu einem Genre – japanische Testpersonen. Quelle: Eigene Darstellung.

5.3.4.3 Präferenz

Hinsichtlich der allgemeinen Präferenz zeichnet sich bei den deutschen Testpersonen deutlich eine Tendenz hin zum Farbdesign der deutschen Webseite ab. Die Farbgestaltung japanischer Webseiten wird eher als aufdringlich und unangenehm empfunden. Dies steht in Einklang mit der Aussage, dass die Farbpräferenz durch Gewohnheiten und kulturelle Standards geprägt wird. Vermutlich sind die deutschen Probanden die Vielfalt der Farben auf Webseiten nicht gewohnt; dies kann Irritationen hervorrufen oder sogar abschreckend wirken. Ein Großteil gab an, die Menge an Farben auch mit vielen verschiedenen Informationen zu verbinden, was zugleich auch als unübersichtlich wahrgenommen wurde. Die Einheitlichkeit des deutschen Farbdesigns hingegen bezeichnete die Mehrheit der Deutschen als angenehm, ruhig, schlicht und übersichtlich. Ein häufig genannter Vorzug der einheitlichen Farbgestaltung bezog sich hier konkret auf die Effizienz während der Webseitennutzung: die Suche nach Informationen wurde aufgrund der Übersichtlichkeit schneller eingeschätzt. Diese Aussagen wurden also getroffen, obwohl der Fragebogen keine Frage enthielt, die sich auf die Einschätzung der Benutzbarkeit und der Bearbeitung bezog. Dass diese Äußerungen, ohne spezielle Nachfrage, ausschließlich von Deutschen stammten, lässt Rückschlüsse zu, dass hier ein Zusammenhang mit der Kultur besteht. Die Erwartung, dass die Suche nach

Informationen auf einer Webseite schnell vonstatten gehen muss, ist ein typisches Merkmal einer Kurzzeitorientierung (vgl. Abschnitt 4.2). Dies passt zu Hofstedes [Hofs97] Einstufung von Deutschland als Land mit starker Kurzzeitorientierung vs. Japan als Land mit starker Langzeitorientierung.

Die Präferenz der japanischen Probanden verteilte sich annähernd gleichmäßig auf die beiden Testseiten. Ein Großteil derer, die als bevorzugte Testseite die deutsche Seite angaben, begründeten dies damit, dass die japanische Seite zu viel Text enthielt. Konkrete Aussagen über ein Missfallen der Farben gab es, im Gegensatz zu den Angaben der Deutschen, nicht.

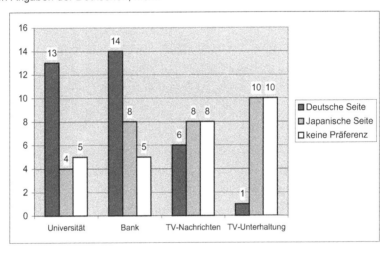

Abbildung 5.8: Präferenzen eines bestimmten Genres – deutsche Testpersonen. Quelle: Eigene Darstellung.

Die kontextgebundene Präferenz der deutschen Probanden stimmt mit der oben untersuchten Zuordnung zu einem Genre überein. Auch hier schneidet das japanische Farbdesign als Element einer Universitätshomepage schlechter ab als das deutsche Farbdesign. Es sind in erster Linie die Seriosität und die Klarheit der Seite, die als positiv herausgestellt werden. Die Seite wirkt dadurch ernstzunehmend und Vertrauen erweckend. Ähnliche Gründe finden sich auch für die Präferenz der deutschen Seite als Homepage einer Bank.

Auch seitens der japanischen Studenten ergab sich in Bezug auf eine Verwendung der Webseiten als Universitätshomepage eine Übereinstimmung der Präferenz mit der Zuordnung. Dagegen hatte die Hälfte der japanischen Probanden die Testseite ihrer eigenen Kultur einer Bank zugeordnet, doch keiner würde diese Seite auch als Webseite einer Bank bevorzugen. Vermutlich schrieben sie die Webseite ausschließlich aufgrund ihrer Erfahrungen einer Bank zu. Eine konkrete Untersuchung von Bankhomepages könnte hierüber Aufschluss geben. Dies ist jedoch nicht Teil dieser Untersuchung.

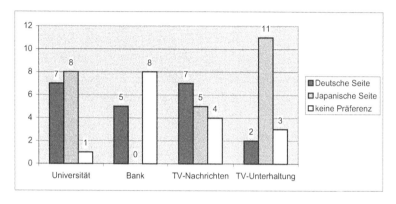

Abbildung 5.9: Präferenzen eines bestimmten Genres – japanische Testpersonen. Quelle: Eigene Darstellung.

5.3.4.4   Diskussion der Ergebnisse

Aufgrund der Studienergebnisse kann die Hypothese bestätigt werden: es besteht ein Zusammenhang zwischen der Kultur und der Bewertung von Farben auf Webseiten. Dies gilt sowohl hinsichtlich der Präferenz als auch hinsichtlich der Bedeutungen, die mit den Farben assoziiert werden. Die japanische Farbgestaltung wurde von den deutschen Testpersonen mehrheitlich als irritierend oder sogar als unangenehm und aufdringlich wahrgenommen. Betrachtet man Farbe unter dem Gesichtspunkt der Semantik bzw. der Farbkodierung, so zeigt sich, dass es wichtig ist, kulturelle Gewohnheiten und Standards zu berücksichtigen. Bei der Frage, welchem Genre die Webseiten zugehörig seinen, wurde die japanische Webseite von den deutschen Probanden fast durchweg falsch eingeordnet, während die meisten die deutsche Webseite in den richtigen inhaltlichen Kontext setzten, also die Seite als Universitätshomepage identifizierten. Weiterhin gab die Mehrheit der Deutschen an, die Farbgestaltung der deutschen Webseite für eine Universitätshomepage auch tatsächlich zu bevorzugen. In dieser Studie wurden eventuelle Unterschiede der

Inhalte von Universitätshomepages, die sich aufgrund der Kultur unterscheiden können (vgl. Abschnitt 4.4.2), nicht berücksichtigt. Da die Intention der Farbgestaltung immer in Zusammenhang mit dem Inhalt einer Webseite steht, kann hier auch ein Grund dafür liegen, dass die japanische Webseite von den deutschen Studenten nicht als Universitätsseite wahrgenommen wird.

Die ‚pastelligen' Farbkombinationen der japanischen Webseite werden in Deutschland schnell als kindlich, lustig, sonnig und fröhlich bezeichnet. Hier zeigt sich ein deutlicher Unterschied zu der japanischen Bewertung; die japanischen Testpersonen sahen die Farbkombination ‚ihrer' Webseite stärker als erwachsen denn als kindlich an. Diese Aussage wird gestärkt durch die Tatsache, dass sich die Verwendung von Pastellfarben durch die gesamte japanische Farbenwelt zieht [Caba01].

Die Aussagen der Probanden geben Anlass zu der Vermutung, dass der Nutzen der Farbe interkulturell anders eingestuft wird. So betonten die Deutschen mehrheitlich die unterstürzende Funktion von Farbe für die Informationsverarbeitung und -visualisierung wohingegen die Japaner sich eher auf die ästhetische und semantische Funktion der Farbe bezogen.

Für eine Festigung der Resultate dieser Untersuchung müssen weitere Studien mit einer größeren Anzahl an Probanden aus verschiedenen Kulturgruppen durchgeführt werden. Hier wurden in erster Linie Tendenzen aufgezeigt und die Vermutung bestätigt, dass die Semantik von Farben und deren Verwendung auf Webseiten interkulturell unterschiedlich sein kann. Unterschiede in der Bewertung von Farben wirken sich auf Wahrnehmung, Bewertung und Präferenz von Webseiten aus. Zu betonen ist in diesem Zusammenhang noch einmal, dass sich keine allgemeingültigen Richtlinien erstellen lassen. Die Ergebnisse können nicht verallgemeinert werden und gelten nicht als bezeichnend für die beiden Nationalkulturen, da auch innerhalb der Ländergrenzen kulturelle Unterschiede vorliegen können.

6 Abschlussbetrachtung

Die globale Kommunikation über das Internet stellt für Designer von Webseiten eine große Herausforderung dar. Nutzer von Webseiten können aus verschiedensten Kulturen stammen, die sich sowohl in bezug auf sprachliche Fähigkeiten als auch hinsichtlich ihrer Normen und Bedürfnisse unterscheiden. Auf diese Unterschiede gilt es sich einzustellen.

Das Thema der vorliegenden Arbeit ist die Frage nach der Rolle von Farbe hinsichtlich der Benutzbarkeit von Webseiten, unter dem Aspekt interkultureller Unterschiede betrachtet.

Zunächst wurde geklärt, ob sich die Farbgestaltung, als Teil ästhetischer Gestaltung, überhaupt auf die Benutzbarkeit auswirkt. Die Begriffsbestimmung von Usability zeigt, dass für eine benutzerfreundliche Webseite auch die Zufriedenheit des Nutzers ausschlaggebend ist. Eine ästhetische Gestaltung, also auch eine angenehme Farbgestaltung, kann die Zufriedenheit beeinflussen [Hass00]. Anhand verschiedener Studien der HCI-Forschung wurde nachgewiesen, dass sich ein ästhetisches Oberflächendesign auch direkt auf die Benutzbarkeit auswirkt. Die Untersuchung von Laugwitz zeigt hier im Speziellen den positiven Einfluss einer ansprechenden Farbgestaltung. Neurologische und psychologische Belege wurden angeführt, welche die Annahme stützen, dass eine ästhetische Farbgebung leistungssteigernd wirken kann.

Es konnte also gezeigt werden, dass zwischen Benutzbarkeit und Design ein Zusammenhang besteht. Schon hinsichtlich dieser Korrelation zeigen sich erste interkulturelle Unterschiede. Die Auswirkungen von Ästhetik auf Usability sind kulturell abhängig, genauso wie auch die Bedeutung von Usability nicht in allen Kulturen als gleich angesehen werden kann.

Die Betrachtungen des Elementes Farbe im Webdesign zeigen verschiedene Funktionen auf, welche Farbe zukommen können. Neben dem Einsatz als stilistisches Mittel, über das eine diffuse Aufmerksamkeitssteigerung erreicht wird, kann eine gezielte Verwendung von Farbe im Webdesign die Informationsverarbeitung unterstützen. Farbe kann sowohl zur Strukturierung der Seite und zur Gruppierung einzelner Elemente verwendet werden, als auch in ihrer semantischen Funktion zur Farbkodierung eingesetzt werden. Die Semantik von Farben erschließt sich über ihre kulturell bedingte Assoziationen. Kulturelle Unterschiede hinsichtlich der Bewertung von Farben im Webdesign wurden im weiteren Verlauf der Darlegungen herausgearbeitet. In die Betrachtungen wurde die psychologische Farbharmonieforschung, die Erforschung von Farbpräferenzen sowie Farbbedeutung und Farbsymbolik mit einbezogen.

In der psychologischen Ästhetik in Bezug auf Relation von Farben zueinander ergaben sich keine kulturellen Unterschiede, wobei der Farbton hier für die Bewertung keine Rolle spielte. Doch wirkt sich eine kulturell abhängige ästhetische Präferenz von Farbtönen auch auf sich daraus ergebende Farbkombinationen aus. Farbpräferenz ist immer abhängig vom Anwendungskontext und wird unter anderem durch bekannte Designstandards geprägt. Jedoch besteht nicht zwangsläufig ein Zusammenhang zwischen Präferenz und Nationalkultur. Präferenz wird sehr stark durch Zugehörigkeit zu bestimmten Subkulturen gebildet. Dennoch kann ein Einfluss der Nationalkultur hier nicht ausgeschlossen werden.

Eine starke kulturelle Prägung findet sich im Bereich von Farbbedeutungen. Dies gilt nicht ausschließlich für die traditionelle Farbsymbolik sondern auch für allgemeine Assoziationen. Für den Einsatz von Farbe als semantisches Mittel zur Farbkodierung oder als redundantes Informationsmerkmal müssen kulturell unterschiedliche Assoziationen zu Einzelfarben und Farbkombinationen berücksichtigt werden. Ein umfassender Literaturüberblick wurde angeführt, der anschauliches Material zu Farbbedeutungen und globalen Unterschieden liefert [Hell99, Mort, Finl03, Colo00, Caba01].

Um genauer zu bestimmen, welchen Einfluss Kultur auf Gestaltung und Wahrnehmung von Webseiten nimmt, wurde zunächst der Begriff Kultur genauer untersucht. Kultur ist ein kollektives Phänomen, dass sich sowohl auf Verhalten und Bedürfnisse der Mitglieder einer Gruppe oder Kategorie auswirkt, als auch Prozesse der Wahrnehmung prägt. Mit dem Kulturmodell von Geert Hofstede [Hofs93, Hofs97] wurde ein richtungsweisender Ansatz der Kulturanthropologie vorgestellt, welcher kulturelle Unterschiede in Verhalten und Kommunikation darlegt und erläutert.

In der derzeitigen interkulturellen HCI-Forschung wird untersucht, in wiefern sich kulturelle Unterschiede im Webdesign widerspiegeln und welche tatsächlichen Nutzen die Berücksichtigung von Kultur für die Benutzbarkeit von GUI hat. Hier gibt es zwei Ansätze: Der Großteil der Untersuchungen beschäftigt sich mit der Frage nach den Differenzen, die das Design betreffen; doch es gibt auch Studien, welche anhand des Kulturmodells von Hofstede erforschen, wie sich Kultur auf Struktur und Inhalt von Webseiten auswirkt. Als Ergebnis beider Ansätze lässt sich festhalten, dass bei der

Lokalisierung von Webseiten zunächst die Zielgruppe und ihre Anforderungen und Erwartungen genau zu definieren sind. Da man nicht Normen und Werte einer Gruppe auf alle anderen Gruppen übertragen kann, bedarf es einer genauen Untersuchung der Bedürfnisse der Zielgruppe. Dies darf sich nicht auf offensichtliche Faktoren beschränken, die sich ausschließlich auf das Verständnis einer Webseite auswirken. Auch versteckte Faktoren, die sich auf die ästhetische Wahrnehmung und die Akzeptanz beziehen, müssen berücksichtigt werden. Farbgestaltung ist ein Element, dass sich sowohl auf die ästhetische Wahrnehmung, als auch auf die semantische Ebene auswirkt Die Ausführungen geben Anlass zu der Vermutung, dass ein kulturell-kompetentes Design aufgrund einer erhöhten Akzeptanz die Einstellung des Nutzers positiv beeinflusst und somit zu einer gesteigerten Benutzerfreundlichkeit beiträgt. Generell gilt jedoch, dass es aufgrund der komplexen Verknüpfung von Kultur und Usability nicht möglich ist, allgemeine Richtlinien anzuführen. Ein hohes Maß an Sensibilität ist hinsichtlich der Wechselbeziehung zwischen Kultur und Usability unabdingbar.

In den angeführten Studien galt Farbe immer als ein Faktor, der interkulturell sehr verschieden bewertet wird – sowohl hinsichtlich der Farbpräferenz als auch in Bezug auf Symbolik und Semantik. Da sich jedoch keine der Studien explizit mit dem Thema Farbe im internationalen Webdesign beschäftigt, wurden bisherige Forschungsergebnisse nur bedingt als Grundlage für den experimentellen Teil dieser Arbeit herangezogen.

Die Darstellung der Untersuchungen im Rahmen der Pilotstudie folgte der chronologischen Reihenfolge der Durchführung. Das Ziel der Voruntersuchung war, herauszufinden, ob es hinsichtlich der Farbgestaltung von Webseiten tatsächlich eine kulturtypische Komponente gibt. Dies konnte am Beispiel japanischer und deutscher Universitätshomepages bestätigt werden. Aufgrund der Voruntersuchung wurden zwei Testseiten mit kulturtypischen Farbdesigns erstellt, die von zwei Testgruppen – japanische und deutsche Studenten – zu bewerten waren. Die Bewertung bezog sich auf Differenzen der semantischen Bedeutung von Farbkombinationen auf Webseiten und auf unterschiedliche Präferenzen dieser Farbkombinationen. Als Ergebnis ist festzuhalten, dass die Bewertung von Farben auf Webseiten kulturell geprägt ist; ebenso kann ein bedeutender Zusammenhang zwischen der Bewertung von Farben und dem Genre der Webseite hergestellt werden. Ein Farbdesign, welches sich deutlich von den Farben unterscheidet, die ein Nutzer bei der Betrachtung einer bestimmten Webseite gewohnt ist, kann zu Irritationen oder gar zu Ablehnung führen. Als Beispiel ist hier die Reaktion der deutschen Studenten auf die japanische Webseite anzuführen: die vielen pastelligen Farben der japanischen Webseite wurden von einem Großteil der Studenten als Farben für eine Universitätshomepage abgelehnt, wohingegen die deutsche Webseite auf große Zustimmung traf. Dies steht der Beurteilung der japanischen Studenten entgegen. Neben der Präferenz wurde auch die Bedeutung von Farben deutlich anders eingeschätzt.

Die Ergebnisse der Pilotstudie bestätigten die bisherige Annahme, dass es äußerst wichtig ist, sich genau über Farbvorlieben und -bedeutungen anderer Kulturen zu informieren. So lässt sich die Wirkung der Webseite besser kalkulieren. Eine negative Reaktion des Nutzers, welche in einer verminderten Benutzerfreundlichkeit resultieren würde, kann durch eine genaue Beschäftigung mit Normen und Standards der Zielkultur verhindert werden.

Die bisherigen Untersuchungen beschäftigten sich in erster Linie mit interkulturellen Unterschieden von Farbsymbolik und Semantik sowie ästhetischer Bewertung von Farben. Es gibt allerdings kaum Untersuchungen, die sich mit interkulturellen Unterschieden der psychologischen Wirkung auseinandersetzen. Besonders interessant wäre dieses Gebiet gerade in Bezug auf die unterstützende Funktion von Farbe für die Navigation auf Webseiten. Berücksichtigt man aber die Kraft von Farben und die ungleiche Wirkung von Farben auf Menschen verschiedener Kulturen, so stellt sich die Frage, in wiefern Farben sich auf direkte Handlungen der Nutzer von Webseiten auswirken und welche Rolle dem kulturellen Hintergrund des Nutzers hierbei zukommt.

7 Anhang

Anhang A: Analysebogen zur Farbgestaltung von Webseiten

Name/URL der Webseite:
Genre/Informationsdomain der Webseite:
Nation:

1. a) **Anzahl der Farbabstufungen**

   b) **Welche Farbtöne werden verwendet?**

Blau ☐ Rot ☐ Gelb ☐ Grün ☐ Rosa ☐ Türkis ☐ Orange ☐ Violett ☐

Weiß ☐ Grau ☐ Schwarz ☐

---

2. **durchschnittlicher Grad der Farbsättigung der verwendeten Farben (subjektive Einschätzung)**

1	2	3	4	5
sehr geringe Sättigung				sehr starke Sättigung

---

3. **auffällige Farbkontraste**   Ja ☐   Nein ☐

---

4. **Farbiger Text**

   0%   25%   50%   75%   100%

---

5. a) **Gibt es eine dominierende Farbe?**   Ja ☐   Nein ☐

   b) **Wenn ja, welche?**

Blau ☐ Rot ☐ Gelb ☐ Grün ☐ Rosa ☐ Türkis ☐ Orange ☐ Violett ☐

Weiß ☐ Grau ☐ Schwarz ☐

---

6. **Hintergrundfarbe**

Blau ☐ Rot ☐ Gelb ☐ Grün ☐ Rosa ☐ Türkis ☐ Orange ☐ Violett ☐

Weiß ☐ Grau ☐ Schwarz ☐

Anhang B: Ergebnisse der Analyse der Farbgestaltung von Web-seiten

Kulturkreis	Anzahl der Farb-abstufungen	Anzahl der Farbtöne	Komplexität der Farb-abstufungen	Farbsättigung	Kontraste	Dominierende Farbe	farbiger Text	URL
Japan	7	5	1,4	5	1	1	3	www.kyoto-u.ac.jp/
Japan	11	7	1,57	2	0	0	4	www.eecs.kumamoto-u.ac.jp
Japan	12	6	2	2	1	1	3	www.ipc.konau-u.ac.jp
Japan	5	3	1,66	4	1	0	4	www.kwansei.ac.jp
Japan	3	3	1	4	0	0	2	www.ing.ac.jp
Japan	7	5	1,4	3	0	0	3	www.kobe-u.ac.jp/
Japan	14	7	2	2	0	0	2	www.kitasato-u.ac.jp/
Japan	4	4	1	2	0	0	1	www.st.keio.ac.jp
Japan	10	5	2	1	0	0	2	www.kansai-u.ac.jp/index.html
Japan	7	5	1,4	4	0	1	2	www.sophia.ac.jp
Japan	11	9	1,22	3	1	0	2	www.akita-u.ac.jp
Japan	9	5	1,8	2	0	0	1	www.chuo-u.ac.jp
Japan	9	3	3	3	0	0	2	www.dokkyo.ac.jp/index.php
Japan	8	6	1,33	2	1	0	2	www.dokkyomod.ac.jp
Japan	6	4	1,5	3	0	0	3	www.doshisha.ac.jp
Japan	11	8	1,37	3	1	0	2	www.fukni-u.ac.jp/NewHPI002/top.htm
Japan	6	3	2	2	0	0	1	www.fuknoka-u.ac.jp
Japan	10	6	1,66	3	1	0	2	www.fukushima-u.ac.jp
Japan	3	2	1,5	3	0	1	3	www.hirosaki-u.ac.jp/index.html
Japan	6	4	1,5	3	0	0	1	www.hiroshima-u.ac.jp/index-j.html
Japan	4	3	1,33	4	0	1	4	www.hokudai.ac.jp
Japan	13	6	2,16	3	0	0	4	www.yamanashi.ac.jp
Japan	5	3	1,66	3	0	1	3	www.tohoku.ac.jp/japanes/index.html
Japan	5	4	1,25	4	0	1	2	www.ritsumei.ac.jp
Japan	4	2	2	3	0	1	5	www.rikkyo.ne.jp/~koho/home.htm
Japan	8	5	1,6	3	0	0	3	www.osaka.u.ac.jp/jp/index.html
Japan	2	2	1	5	0	1	4	www.aka-pu.ac.jp
Japan	6	5	1,2	4	0	1	2	www.oita-u.ac.jp
Japan	7	4	1,75	1	0	0	4	www.nanzan-u.ac.jp/Menu/index.html
Japan	8	3	2,66	2	0	1	1	www.nagoya-u.ac.jp
Japan	4	3	1,33	2	0	0	2	www.cc.nagasaki-u.ac.jp
Japan	6	3	2	3	0	0	3	www.miyazaki-u.ac.jp
Japan	9	5	1,8	1	1	0	3	www.mie-u.ac.jp
Japan	11	6	1,83	3	0	0	4	www.meij.ac.jp
Japan	3	3	1	2	0	1	2	www.kuyushu-u.ac.jp

Kulturkreis	Anzahl der Farb-abstufungen	Anzahl der Farbtöne	Komplexi-tätder Farb-abstufungen	Farb-sättigung	Kontraste	Dominierende Farbe	farbiger Text	URL
Deutschland	4	2	2	4	0	1	3	www.uni-dortmund.de
Deutschland	5	2	2,5	3	0	1	2	www.uni-bochum-de
Deutschland	2	2	1	5	0	1	3	www.uni-bremen.de
Deutschland	3	1	3	3	0	1	3	www.uni-giessen.de
Deutschland	2	2	1	6	0	1	4	www.uni-hohenheim.de
Deutschland	4	2	2	2	1	1	3	www.uni-konstanz.de
Deutschland	3	1	3	5	0	1	2	www.uni-ulm.de
Deutschland	2	2	1	3	0	1	3	www.uni-bayreuth.de
Deutschland	2	1	2	3	0	1	1	www.uni-rostock.de
Deutschland	2	1	2	4	0	1	1	www.uni-mannheim.de
Deutschland	4	4	1	3	0	1	5	www.uni-greifswald.de
Deutschland	1	1	1	4	0	1	3	www.uni-marburg-de
Deutschland	2	2	1	3	1	1	4	www.uni-leipzig.de
Deutschland	1	1	1	4	0	0	2	www.hu-berlin.de
Deutschland	2	2	1	5	0	1	4	www.uni-augsburg.de
Deutschland	2	2	1	5	1	1	4	www.uni-tuebingen.de
Deutschland	3	3	1	4	0	0	2	www.uni-mainz.de
Deutschland	4	3	1,33	3	1	0	1	www.uni-flensburg.de
Deutschland	4	1	4	4	0	1	2	www.uni-erlangen.de
Deutschland	3	1	3	4	0	1	1	www.uni-freiburg.de
Deutschland	2	1	2	4	0	1	4	www.uni-trier.de
Deutschland	3	2	1,5	4	0	1	2	www.uni-kassel.de
Deutschland	1	1	1	4	0	1	5	www.uni-osnabrück.de
Deutschland	7	4	1,75	3	1	1	4	www.uni-muenster.de
Deutschland	2	2	1	4	0	0	2	www.uni-muenchen.de
Deutschland	3	2	1,5	3	0	1	0	www.fu-berlin.de
Deutschland	3	3	1	3	0	1	2	www.uni-bremen.de
Deutschland	1	1	1	4	0	1	4	www.uni-hannover.de
Deutschland	1	1	1	5	0	1	3	www.uni-goettingen.de
Deutschland	3	3	1	4	0	0	2	www.uni-heidelberg.de
Deutschland	2	2	1	5	0	1	5	www.uni-koeln.de
Deutschland	6	5	1,2	2	0	1	1	www.uni-stuttgart.de
Deutschland	2	2	1	4	1	1	4	www.uni-lueneburg.de
Deutschland	3	3	1	5	0	0	1	www.uni-hamburg.de
Deutschland	3	1	3	5	0	1	4	www.uni-regensburg.de

Erläuterungen zur Darstellung der Analyseergebnisse:

Komplexität der Farbabstufungen: Quotient aus Anzahl der Farbabstufungen und Farbtöne.

Kontraste und dominierende Farbe: 0 = nein
1 = ja.

Farbiger Text (Anteil):   1 = 0%
2 = 25%
3 = 50%
4 = 75%
5 = 100%

Anhang C   Testseiten der Hauptuntersuchung

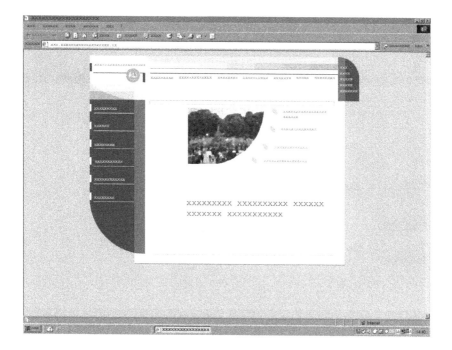

Abbildung 7.1: Testseite 1 – Homepage einer deutschen Universität.

Die Testseite 1 ist eine modifizierte Fassung der Homepage der Friedrich-Alexander-Universität Erlangen-Nürnberg (www.uni-erlangen.de).

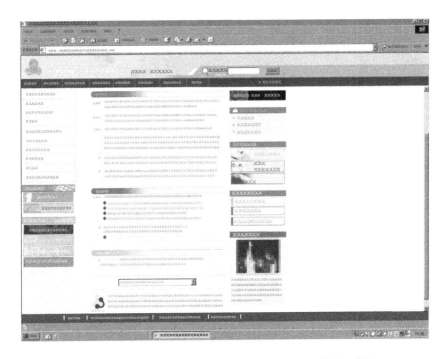

Abbildung 7.2: Testseite 2 – Homepage einer japanischen Universität.

Die Testseite 2 ist eine modifizierte Fassung der Homepage Akita University (www.akita-u.ac.jp).

**Anhang D: Fragebogen zu kulturellen Unterschieden in der Farb-
wahrnehmung von Webseiten**

Nationalität   _____   Geschlecht: m ( )   w ( )   Alter _____
Studienfach   _____

Die Fragen zu den Testseiten sind der Reihe nach zu beantworten.

Angaben zur verwendeten Hardware:

Hersteller und (wenn bekannt) Typ des Monitors, bei Verwendung eines Laptops bitte
hiervon Hersteller und Modell angeben:

_____

Die Farbtiefe des Monitors ist auf True Color (32 Bit) zu setzen. Wenn dies aufgrund
der Hardware nicht möglich ist, hier bitte die verwendeten Einstellungen eintragen:

_____

1. Schau Dir Testseite 1 und 2 jeweils genau an. Wie wirkt die jeweilige Farbgebung auf Dich? Ordne die Farbkombinationen beider Testseiten untenstehenden Eigenschaften zu.

Testseite 1:

Schön	1	2	3	4	5	6	Hässlich
Angenehm	1	2	3	4	5	6	Unangenehm
Lustig	1	2	3	4	5	6	Ernst
Einladend	1	2	3	4	5	6	Abschreckend
Zurückhaltend	1	2	3	4	5	6	Aufdringlich
Kindlich	1	2	3	4	5	6	Erwachsen
Kommunikativ	1	2	3	4	5	6	Unkommunikativ
Leicht	1	2	3	4	5	6	Schwer
Freundlich	1	2	3	4	5	6	Unfreundlich
Fröhlich	1	2	3	4	5	6	Traurig
Langweilig	1	2	3	4	5	6	Aufregend
Seriös	1	2	3	4	5	6	Unseriös
Wissenschaftlich	1	2	3	4	5	6	Unwissenschaftlich

Testseite 2:

Schön	1	2	3	4	5	6	Hässlich
Angenehm	1	2	3	4	5	6	Unangenehm
Lustig	1	2	3	4	5	6	Ernst
Einladend	1	2	3	4	5	6	Abschreckend
Zurückhaltend	1	2	3	4	5	6	Aufdringlich
Kindlich	1	2	3	4	5	6	Erwachsen
Kommunikativ	1	2	3	4	5	6	Unkommunikativ
Leicht	1	2	3	4	5	6	Schwer
Freundlich	1	2	3	4	5	6	Unfreundlich
Fröhlich	1	2	3	4	5	6	Traurig
Langweilig	1	2	3	4	5	6	Aufregend
Seriös	1	2	3	4	5	6	Unseriös
Wissenschaftlich	1	2	3	4	5	6	Unwissenschaftlich

2. Welche Eigenschaften, Bedeutungen oder Assoziationen fallen Dir außerdem zu den Farbkombinationen ein?

Testseite 1:

_____

_____

_____

Testseite 2:

_____

_____

_____

3. Ordne die beiden Testseiten aufgrund der Farbgestaltung einem bestimmten Genre zu. Mehrfachnennungen möglich.

Genre	Testseite 1	Testseite 2
• Universitäten	( )	( )
• Ministerien	( )	( )
• Schulen	( )	( )
• Banken	( )	( )
• Fernsehsender Unterhaltung	( )	( )
• Fernsehsender Nachrichten	( )	( )
• Kommunikationsplattform (z.B. Chatroom-Homepage)	( )	( )
• sonstige	_____	_____

4. a) Welche der beiden Testseiten gefällt Dir aufgrund der Farbgestaltung
        allgemein besser?   Testseite 1 ( )   Testseite 2 ( )

    b) Weshalb gefällt Sie Dir besser?

    _____

    _____

    _____

5. a) Würdest Du eine der beiden Seiten bevorzugen, wenn es sich um eine
         Seite einer Universität handelte?   Ja ( )   Nein ( )

    b) Wenn ja, welche?   Testseite 1 ( )   Testseite 2 ( )

    c) Begründung:

    _____

    _____

    _____

6. a) Würdest Du eine der beiden Seiten bevorzugen, wenn es sich um eine
        Seite einer Bank handelte?   Ja ( )   Nein ( )

    b) Wenn ja, welche?   Testseite 1 ( )   Testseite 2 ( )

    c) Begründung:

    _____

    _____

    _____

7. a) Würdest Du eine der beiden Seiten bevorzugen, wenn es sich um eine
        Seite eines Nachrichtensenders handelte?

                                              Ja ( )   Nein ( )

    b) Wenn ja, welche?   Testseite 1 ( )   Testseite 2 ( )

    c) Begründung:

    _____

    _____

    _____

8. a) Würdest Du eine der beiden Seiten bevorzugen, wenn es sich um eine
        Seite eines Unterhaltungssenders handelte?

                                        Ja ( )   Nein ( )

    b) Wenn ja, welche?   Testseite 1 ( )   Testseite 2 ( )

    c) Begründung:

    _____

    _____

    _____

8 Literaturverzeichnis

[Alle87]   Allesch, Christian G. *Geschichte der psychologischen Ästhetik.*
             Göttingen: Hogrefe, 1987.

[Badr00]   Badre, Albert. *The Effects of Cross Cultural Interface Design
             Orientation on World Wide Web User Performance.*
             ftp://ftp.cc.gatech.edu/pub/tr/2001/01-01.pdf (21.03.2004).

[BaBa98]   Barber, Wendy und Badre, Albert. *Culturability: The Merging of Culture
             and Usability.* In: Proceedings of the 4th Conference on Human Factors
             and the Web, 1998.
             http://www.research.att.com/conf/hfweb/proceedings/barber/
             (26.02.2004).

[Back98]   Backhaus, Werner G.K.; Kliegl, Reinhold und Werner, John S. (Hrsg.).
             Color Vision – Perspectives from different disciplines. Berlin, New York:
             de Gruyter, 1998.

[BaLa01]   Badre, Albert und Laskowski, Sharon. *The Cultural Context of Web
             Genres: Content vs. Style.*
             ftp://ftp.cc.gatech.edu/pub/gvu/tr/2001/01-01.pdf (21.03.2004).

[Beie02]   Beier, Markus und von Gizycki, Victoria (Hrsg.). *Usability –
             Nutzerfreundliches Webdesign.* Heidelberg: Springer, 2002.

[Birk33]   Birkhoff, George Davis. *Aesthetic Measure.* Cambridge, MA: Harvard
             University Press, 1933.

[Bran01]   Brandon, Daniel. *Localization of Web Content.* In: Journal of Computing
             Sciences in Colleges. Band 17, Ausgabe 2, S. 345-358. 2001.
             http://delivery.acm.org/10.1145/780000/775392/p345-brandon.pdf
             (22.07.2004).

[Broc97]   *Brockhaus – Die Enzyklopädie:* in 24 Bänden. 20. überarbeitete
             Auflage. Leipzig, Mannheim: Brockhaus, 1997.

[Brun01]   Bruns, Margarete. *Das Rätsel Farbe – Materie und Mythos.* 3. Auflage.
             Stuttgart: Reclam, 2001.

[Caba01]   Cabarga, Leslie. *The Designers Guide to Global Color Combinations.*
             Cincinnati, Ohio: F & W Publications, 2001.

[CoLi01]   Coronado, Jose und Livermore, Carrie. *Going Global with the Product
             Design Process – Does It Make Business Sense?* In: Interactions, Band
             8, Ausgabe 6, S. 21-26. 2001.
             http://delivery.acm.org/10.1145/390000/384082/p21-coronado.pdf
             (10.06.2004).

[Colo00]   *Color harmony workbook – a workbook and guide to creative color combinations.* Hombrechtikon/Zürich: Olms, 2000.

[Chau02]   Chau, Patrick Y.K.; Cole, Melissa; Massey, Anne P.; Montoya-Weiss, Mitzi und O'Keefe, Robert M. *Cultural Differences in the Online Behaviour of Consumers.* In: Communications of the ACM, Band 45, Ausgabe 10, S. 138-143. New York: ACM Press, 2002. http://delivery.acm.org/10.1145/580000570911/p138-chau.pdf (10.06.2004).

[Crüg]   Crüger, Ingrid. *Farbentheorie und Farbgestaltung.* http://www.ipsi.fraunhofer.de/~crueger/farbe/index.html. (10.07.2004).

[Dama00]   Damasio, Antonio R. *Descartes' Irrtum – Fühlen, Denken und das menschliche Gehirn.* 5. Auflage. Übers. München: Deutscher Taschenbuch Verlag, 2000.

[DeNi96]   Del Galdo, Elisa M. und Nielsen, Jakob (Hrsg.). *International User Interfaces.* New York: Wiley, 1996.

[DIN5033]   *Farbmessung.* DIN 5033-1 – DIN 5033-9. Berlin, Wien, Zürich: Beuth, 1976 –1992.

[ECI]   European Color Initiative http://www.eci.org/deu/index_d.html

[ENIS8]   EN ISO 9241-8. *Ergonomische Anforderungen für Bürotätigkeiten – Teil 8: Anforderungen an Farbdarstellungen.* 1997.

[ENIS11]   EN ISO 9241-11. *Ergonomische Anforderungen für Bürotätigkeiten – Teil 11: Anforderungen an Gebrauchstauglichkeit - Leitsätze.* 1998.

[EvDa97]   Evers, Vanessa und Day, Donald. *The Role of Culture in Interface Acceptance.* In: Human Computer Interaction. Hrsg. Howard, S. Hammond, J. und Lindegaard, G. London: Chapman and Hall, 1997. http://www.swi.psy.uva.nl/usr/evers/INTERACT.pdf (15.05.2004).

[Falt85]   Faltin, Peter. *Bedeutung ästhetischer Zeichen – Musik und Sprache.* Aachen: Rader, 1985.

[Farb]   Farbe.com http://www.farbe.com (03.07.2004).

[Finl03]   Finley, Victoria. *Das Geheimnis der Farben – eine Kulturgeschichte.* München: Claasen, 2003.

[FoGe03]   Ford, Gabrielle und Gelderblom, Helene. *The Effects of Culture on Performance Achieved through the use of Human Computer Interaction.* In: Proceedings of SAICSIT. S. 218-230. New York: ACM Press, 2003. http://delivery.acm.org/10.1145/960000954038/p218-ford.pdf (03.05.2004).

[Fole96]   Foley, James D.; van Dam, Andries; Feiner, Steven K. und Hughes, John F. *Computer Graphics – Principles and Practice.* 2. Ausgabe. Reading, Massachusetts: Addison-Wesley Publishing, 1996.

[Frie88]   Frieling, Heinrich. *Mensch und Farbe – Psychologische Bedeutung und Wirkung von Farben für Kontakt und Kommunikation.* München: Heyne, 1988.

[Gall]   Gall, Ludwig. *Farbmetrik für Pigmentverarbeiter.* http://farbmetrik-gall.de. (03.07.2004).

[GöBe99]   Görner, Claus; Beu, Andreas und Koller, Franz. *Der Bildschirmarbeitsplatz – Softwareentwicklung mit DIN EN ISO 9241.* Hrsg. DIN Berlin, Wien, Zürich, Beuth: 1999.

[Gold97]   Goldstein, Bruce E. *Wahrnehmungspsychologie – eine Einführung.* Übers. Manfred Ritter. Heidelberg, Berlin, Oxford: Spektrum Akademischer Verlag, 1997.

[Gole01]   Goleman, Daniel. *Emotionale Intelligenz.* Übers. Friedrich Griese. 14. Auflage. München: Deutscher Taschenbuch Verlag, 2001.

[Goul00]   Gould, Emilie W.; Zakaria, Norhayati und Yusof, Shafiz A.M. *Applying Culture to Website Design: A Comparison of Malaysian and US Websites.* In: Proceedings of IEEE. S. 161-171. Piscataway: IEEE, 2000. http://delivery.acm.org/10.1145/510000/504826/p161-gould.pdf (03.05.2004).

[Hall90]   Hall, Edward, T. *Understanding Cultural Differences – Germans, French and Americans.* Yarmouth, Maine: Intercultural Press, 1990.

[HaRe02]   Hallnäs, Lars und Redström, Johan. *From Use to Presence: On the Expressions and Aesthetics of Everyday Computational Things.* In: TOCHI, Band 9, Ausgabe 4, S. 106-124. New York: ACM Press, 2002. http://doi.acm.org/10.1145/543434.543441 (04.02.2004).

[HaRo97]   Hayes-Roht, Barbara; Ball, Gene; Lisetti, Christine; Pidard, Rosalinde W. und Stern, Andrew. *Panel on Affect and Emotion in the User Interface.* In: International Conference on Intelligent User Interfaces. S. 91-94. New York: ACM Press, 1997. http://doi.acm.org/10.1145/268389.268406 (28.01.2004).

[Hass00]   Hassenzahl, Mark; Platz, Axel; Burmester, Michael und Lehner, Katrin. *Hedonic and Ergonimic Quality Aspects Determine a Software's Appeal.* In: Proceedings of the SIGCHI conference on Human factors in computing systems. S. 210-208. New York: ACM Press, 2000. http://doi.acm.org/10.1145/332040.332432 (28.01.2004).

[Hell99]   Heller, Eva. *Wie Farben wirken.* 10. Auflage. Reinbek: Rowohlt, 1999.

[Herr01]   Herrmann, Christian und Asche, Hartmut (Hrsg.). *Raumbezogene Information und Kommunikation im Internet.* Heidelberg: Wichmann, 2001.

[Hoff03]   Hoffman, Donald D. *Visuelle Intelligenz – wie die Welt im Kopf entsteht.* Übers. Hainer Kober. München: Deutscher Taschenbuch Verlag, 2003.

[Hofs93]   Hofstede, Geert. *Interkulturelle Zusammenarbeit – Kulturen – Organisationen – Management.* Übers. Nadia Hasenkamp. Wiesbaden: Gabler, 1993.

[Hofs97]   Hofstede, Geert. *Cultures and Organizations – Software of the Mind.* New York, San Francisco, Washington, D.C., Auckland, Bogota, Carracas, Lissabon, London, Mexico City, Mailand, Montreal, Neu Delhi, San Juan, Singapur, Sydney, Tokyo, Toronto: McGraw-Hill, 1997.

[ICC]   International Color Consortium. http://www.color.org (03.07.2004).

[ItNa96]   Ito, Masao und Nakakojie, Kumiyo. *Impact of Culture on User Interface Design.* In International User Interface Design. Hrsg. Del Galdo, Elisa und Nielsen, Jakob. S. 105 – 126. New York: Wiley, 1996.

[Itte83]   Itten, Johannes. *Kunst der Farbe - Subjektives Erleben und objektives Erkennen als Wege zur Kunst.* 7. Auflage. Ravensburg: Maier, 1983.

[Holz02]   Holzschlag, Molly. *Farbe für Websites.* Übers. Matthias Schossig. Reinbek: Rowohlt Taschenbuch, 2002.

[Kall03]   Kallio, Titti. *Why We Choose the More Attractive Looking Objects – Somatic Markers and Somaesthetics in User Experience.* In: Proceedings of the 2003 international conference on Designing pleasurable products and interfaces. S. 142-143. New York: ACM Press, 2003. http://doi.acm.org/10.1145/782896.782934 (28.01.2004).

[Karv00]   Karvonen, Kristiina. *The Beauty of Simplicity.* In: Proceedings on the 2000 conference on Universal Usability. S. 85-90. New York: ACM Press, 2000. http://doi.acm.org/10.1145/355460.355478 (28.01.2004).

[Khasl98]   Khaslavsky, Julie. *Integrating Culture into Interface Design.* In:
              Conference on Human Factors in Computing Systems. S. 365-366.
              http://doi.acm.org/10.1145/286498.286830 (22.07.2004).

[KiMa99]   Kim, Heejung und Markus, Hazel Rose. *Deviance or Uniqueness,*
              Harmony or Conformity? A Cultural Analysis. In: Journal of Personality
              and Social Psychology, Volume 77, Ausgabe 4, S. 785-800, 1999.

[KrKr80]   Kreitler, Hans und Kreitler Shulamith. *Die Psychologie der Kunst.*
              Übers. Chaim und Regina Krzepicki. Stuttgart, Berlin, Köln, Mainz:
              Kohlhammer, 1980.

[Kühn03]   Kühnen, Ulrich. *Denken auf asiatisch.* In: Gehirn & Geist, Ausgabe 3, S.
              10-15. Heidelberg: Spektrum der Wissenschaft, 2003.

[Küpp92]   Küppers, Harald. *Schule der Farben – Grundzüge der Farbentheorie für*
              Computeranwender und andere. Köln: DuMont, 1992.

[KuKa95]   Kuoru, Masaaki und Kashimura, Kaori. *Apparent Usability vs. Inherent*
              Usability – Experimental analysis on the determinants of the apparent
              usability. In: Conference companion on Human factors in computing
              systems. S. 292-293. New York: ACM Press, 1995.
              http://doi.acm.org/10.1145/223355.223680 (28.01.2004).

[Lang95]   Lang, Heinwig. *Farbwiedergabe in den Medien – Fernsehen, Film,*
              Druck. Göttingen: Muster-Schmidt, 1995.

[Laug01]   Laugwitz, Bettina. *Experimentelle Untersuchung der Regeln der*
              Ästhetik von Farbkombinationen und von Effekten auf den Benutzer bei
              ihrer Anwendung im Benutzungsoberflächendesign. Dissertation.
              Universität Mannheim.
              http://www.dissertation.de (07.01.2004).

[Lexi95]   Faktum Lexikoninstitut (Hrsg.). *Lexikon der Psychologie.* Gütersloh,
              München: Bertelsmann Lexikon, 1995.

[Lied94]   Liedl, Roman. *Die Pracht der Farben – eine Harmonielehre.* Mannheim,
              Leipzig, Wien, Zürich: BI-Wiss.-Verlag, 1994.

[Loos89]   Loos, Hansl. *Farbmessung.* Itzehoe: Beruf + Schule, 1989.

[Lüsc49]   Lüscher, Max. *Die Farbe als psychologisches Untersuchungsmittel.*
              Dissertation. Universität Basel. St. Gallen: Hauke Speicher, 1949.

[Mädl]   Mädl, Andree. *Das Filmmaterial.*
              http://foto.tietgens.info/node23.html (03.07.2004).

[MaMo88]   Martindale, C., Moore, K. und West, A. *Relationship of preference*
              judgements to typicality, novelty, and mere exposure. In: Empirical
              Studies of the Arts, Ausgabe 6, S. 79-96. 1988.

[Marc00]   Marcus, Aaron. *Cross-cultural user-interface design: what? So what?*
            Now what? In: Conference on Human Factors in Computing Systems.
            S. 299-299. New York: ACM Press, 2000.
            http://doi.acm.org/10.1145/633292.633468 (26.01.2004).

[Marc02]   Marcus, Aaron. *Culture Class vs. Culture Clash.* In: Interactions, Band 9
            Ausgabe 3, S. 25-28. New York: ACM Press, 2002.
            http://doi.acm.org/10.1145/506671.506684 (26.01.2004).

[Marc03]   Marcus, Aaron. *User-Interface Design and China: A Great Leap*
            Forward. Fast Forward. In Interactions, Band 10, Ausgabe 1, S. 21-25.
            New Aork: ACM Press, 2003.
            http://doi.acm.org/10.1145/604575.604588 (26.01.2004).

[Matt99]   Matthews, Kiana. *Aesthetics and Usability.* 1999.
            http://home.att.net/~kiana.matthews/independent_study/Aesthetics_Paper.htm
            (04.02.2004).

[Mayr00]   Mayr, Horst O. *Einführung in die Wahrnehmungs-, Lern- und Werbe-*
            Psychologie. München, Wien: Oldenbourg, 2000.

[Medi]   *MediaLine.* Medialexikon Focus.
            http://www.medialine.de/PM1D/ PM1DB/ PM1DBF/pm1dbf.htm
            (01.07.2004).

[Mehn74]   Mehnert, Hilmar. *Die Farbe in Film und Fernsehen – Physik und*
            Technik, Philosophie, Physiologie und Psychologie, Ästhetik,
            Anwendung und Dramaturgie der Farben. Leipzig: VEB Fotokinoverlag,
            1974.

[Mort]   Morton, Jill. *Colormatters*
            http://www.colormatters.com (18.07.2004).

[Murch84]   Murch, Gerald M. *Pysiological Principles for the Effective Use of Color.*
            In IEEE Computer Graphics and Applications, Ausgabe 4, S. 49-54,
            1984.

[Nage00]   Nagel, Sebastian. *Zur Semantik der Grundfarbadjektive im Russischen*
            und Tschechischen. Magisterarbeit Ludwig-Maximilians-Universität
            München.
            http://www.stud.uni-muenchen.de/~sebastian.nagel/magister/SemGFWsn.pdf
            (12.07.2004).

[NiTa02]   Nielsen, Jakob und Tahir, Marie. *Homepage Usability – 50 enttarnte*
            Websites. Übers. Peter Riedlberger. München: Markt+Technik, 2002.

[Niel01]   Nielsen, Jakob. *Designing Web Usability.* Übers. Isolde Kommer.
            München: Markt+Technik, 2001.

[Niel93]   Nielsen, Jakob. *Usability Engineering.* Boston: Academic Press, 1993.

[Norm02]   Norman, Donald. *Emotion & design: attractive things work better.* In:
             Interactions, Band 9, Ausgabe 4, S. 36-42. New York: ACM Press,
             2002.
             http://doi.acm.org/10.1145/543434.543435 (28.01.2004).

[PeCu00]   Peterson, L.K. und Cullen, Cheryl Dangel. *Global Graphics: Color – A
             Guide to Design with Color for an International Market.* Gloucester,
             Massachusetts: Rockport Publishers, 2000.

[Peri90]   Perizonius, Eckart. *Über den Zusammenhang von Form- und
             Farbverarbeitung im visuellen System des Menschen.* Dissertation.
             Universität München. München: Kyrill & Method, 1990.

[PlRi84]   Plath, Hans-Eberhard & Richter, Peter. *Ermüdung – Monotonie –
             Sättigung – Stress.* Berlin: Psychodiagnostisches Zentrum, 1984.

[Psyc]   Fachrichtung Psychologie Dresden. *Biopsychologie – visuelles System.*
             http://psylux.psych.tu-dresden.de/i1/biopsych/ (03.07.2004).

[Ried99]   Riedel, Ingrid. *Farben in Religion, Gesellschaft, Kunst und
             Psychotherapie.* 2. Auflage. Stuttgart: Kreuz, 1999.

[Raab76]   Raab, Erich. *Bildkomplexität, Farbe und ästhetischer Eindruck.* Graz:
             Akademische Druck- und Verlagsanstalt, 1976.

[Rapp94]   Rappoport, A. *Experimentically elicited judgements of color harmony.* In
             Empirical Studies of the Arts, Ausgabe 12, S. 95-112. 1994.

[Renn47]   Renner, Paul. *Ordnung und Harmonie der Farben – Eine Farbenlehre
             für Künstler und Handwerker.* Ravensburg: Otto Maier, 1947.

[RuBo93]   Russo, Patricia und Boor, Stephen. *How Fluent is Your Interface? –
             Designing for International Users.* In: Conference on Human Factors in
             Computing Systems. S. 342-347. New York: ACM Press, 1993.
             http://doi.acm.org/10.1145/169059.169274 (28.01.2004).

[Schl93]   Schläpfer, Kurt, *Farbmetrik in der Reproduktionstechnik und im
             Mehrfarbendruck.* St. Gallen: UGRA, 1993.

[Schm00]   Schmidt, Ulrich. *Professionelle Videotechnik – analoge und digitale
             Grundlagen, Signalformen, Videoaufnahme, Speicherung,
             Signalverarbeitung und Studiotechnik.* 2., aktualisierte und erw. Aufl.
             Berlin, Heidelberg, New York, Barcelona, Hongkong, London, Mailand
             Paris, Singapur, Tokio: Springer, 2000.

[Schn99]   Schnabel, Gisela. *Die Farbmodelle HSV und HLS – Widersprüche in
             Theorie und Praxis.* In: RZ-Mitteilungen, Band 17, Berlin: RZ Humboldt
             Universität, 1999.
             http://edoc.hu-berlin.de/e_rzm/17/schnabel-gisela-1999-02-01-
             a/PDF/8.pdf (06.07.2004)

[Schr91]   Schrader, Einhard; Biehne, Joachim und Pohley, Katja. *Optische Sprache – Vom Text zum Bild. Von der Information zur Präsentation. Ein Arbeitsbuch.* Hamburg: Windmühle, Verlag und Vertrieb von Medien, 1991.

[Seve03]   Sevener, Zeynep. *A Semantic Differential Study of the Influenceof Aesthetic Properties on Product Pleasure.* In: Proceedings of the 2003 international conference on Designing pleasurable products and interfaces. S. 150-151. New York: ACM Press, 2003. http://doi.acm.org/10.1145/782896.782938 (04.02.2004).

[ShSc99]   Sheppard, Charles und Scholtz, Jean. *The Effects of Cultural Markers on Web Site Use.* In: Proceedings of Human Factors & the Web, 1999. http://zing.ncsl.nist.gov/hfweb/proceedings/sheppard (26.02.2004).

[Shne01]   Shneidermann, Ben. *User Interface Design.* Übers. Jürgen Dubau und Arne Willner. 3. Auflage. Bonn: mitp-Verlag, 2002.

[Sond04]   Sonderforschungsbereich 517 "Neurokognition". *Forschungsprogramm der 3. Antragsperiode 2002-2004.* Universität Oldenburg: Institut für Physik, 2002-2004. http://www.physik.uni-oldenburg.de/docs/sfb/forschungsprogramm.htm (04.02.2004).

[Sölc98]   Sölch, Reinhold. *Die Evolution der Farben – Goethes Farbenlehre in neuem Licht.* Ravensburg: Ravensburger Buchverlag, 1998.

[Stad]   Stadler, Marlene. *Farben und Leben.* http://www.farbenundleben.de (30.06.2004).

[Stey97]   Steyer, Rolf; Schwenkmezger, Peter, Notz, Peter, und Eid, Michael. *Der Mehrdimensionale Befindlichkeitsfragebogen (MDBF).* Göttingen: Hogrefe, 1997.

[Stor03]   Storch, Maja. *Das Geheimnis kluger Entscheidungen.* Zürich: Pendo, 2003.

[Sun01]   Sun, Huatong. *Building a Culturally-Competent Corporate Web Site: An Exploratory study of Cultural Markers in Multilingual Webdesign.* In: SIGDOC Proceedings. S. 95-102. New York: ACM Press, 2001. http://doi.acm.org/10.1145/501516.501536 (07.02.2004).

[Tayl92]   Taylor, Dave. *Global Software.* New York: Springer, 1992.

[Thoma95]   Thomas, Peter J. (Hrsg). *The social and interactional dimensions of human-computer interfaces.* Cambridge Series on Human-Computer Interaction. Cambridge: University Press, 1995.

[Trac97]   Tractinsky, Noam. *Aesthetics and Apparent Usability: Empirically Assessing Cultural and Methodological Issues.* In: Proceedings of the SIGCHI conference on Human factors in computing systems. S. 115-122. New York: ACM Press, 1997. http://doi.acm.org/10.1145/258549.258626 (28.01.2004).

[Trill99]   Trillio, Nestor G. *The Cultural Component of Designing and Evaluating International User Interfaces.* In: Proceedings of the 32nd Hawaii International Conference on System Sciences. Band 3, S. 3058. Washington, D.C.: IEEE, 1999. http://csdl.computer.org/comp/proceedings/hicss/1999/0001/03/00013058abs.htm (16.02.2004).

[Trom93]   Trompenaars, Fons. *Riding The Waves of Culture – Understanding Cultural Diversity in Business.* London: Nicholas Brealey Publishing, 1993.

[Wand93] Wandmacher, Jens. *Software-Ergonomie.* Berlin, New York: de Gruyter, 1993.

[West02]   Westerlund, Bo. *Form is Function.* In: Proceedings of the conference on Designing interactive systems: processes, practices, methods, and techniques. S. 117-124. New York: ACM Press, 2002. http://doi.acm.org/10.1145/778712.778731 (28.01.2004).

[Wool02]   Woolman, Matt. *Digital Information Graphics.* London: Thames & Hudson, 2002.

[Wrob03] Wrobel, Ursula. *Andere Länder – Andere Sites.* Aus der Reihe: Kulturwissenschaftliche Werbeforschung, Band 2. Hrsg. Hartmut Schröder. Frankfurt: Peter Lang, 2003.

[Yeo96]   Yeo, Alvin. *Cultural User Interface – A Silver Lining in Cultural Diversity.* In: SIGCHI Bulletin, Band 28, Ausgabe 4, S. 4-7. New York: ACM Press, 1996. http://doi.acm.org/10.1145/231132.231133 (28.01.2004).

9 Index